∷ 中華文化促進會主持編纂

∷ 國家"十一五"重點圖書出版規劃項目

∷ 中國社會科學院哲學社會科學創新工程學術出版資助項目

出品人 王石 段先念

今注本二十四史

金史

九

表

元 脱脱等 撰

張博泉 程妮娜 主持校注

中国社会科学出版社

金史　卷五九

表第一

宗室表[1]

[1]表第一　宗室表：原作“宗室表第一”，殿本、局本作“表第一　宗室表”。今據改。

古者太史掌敘邦國之世次，[1]辨其姓氏，别其昭穆，尚矣。[2]金人初起完顔十二部，[3]其後皆以部爲氏。史臣記録有稱“宗室”者，[4]有稱完顔者。稱完顔者亦有二焉，有同姓完顔，蓋諫族，若石土門、迪古迺是也；[5]有異姓完顔，蓋部人，若歡都是也。[6]大定以前稱“宗室”，明昌以後避睿宗諱稱“内族”，[7]其實一而已，書名不書氏，其制如此。宣宗詔宗室皆稱完顔，[8]不復識别焉。大定、泰和之間，[9]祖免以上親皆有屬籍，[10]以叙授官，大功以上，[11]薨卒輟朝，親親之道行焉。貞祐以後，[12]譜牒散失，大概僅存，不可殫悉。今掇其可次第者著于篇，其上無所係、下無所承者，不能盡録也。

［1］太史：官名。西周、春秋時，太史掌記載史事，編寫史書，兼管國家典籍、天文曆法、祭祀等事。　邦國之世次：爲太史掌叙職守之一。

［2］昭穆：左昭、右穆。本指宗廟或墓地的輩次排列，後來泛指家族的輩次。

［3］完顏十二部：女真四十七部四大支系之一。其後，該系十二部分别“皆以部爲氏”。

［4］宗室：指始祖函普的後裔，“書名不書氏”，與稱完顏者有别。明昌以後稱“内族”。

［5］同姓完顏：指始祖函普的兄弟阿古迺與保活里之後裔，與宗室爲疏族。但本書本卷却將屬於疏族的同姓完顏阿古迺與保活里之裔，也列入《宗室表》中。　石土門：又作神徒門，耶懶路完顏部人，始祖弟保活里五世孫。本書卷七〇有傳。　迪古迺：又作完顏忠，石土門之弟。本書卷七〇有傳。

［6］異姓完顏：雖稱完顏，並非始祖函普及其兄弟的後裔，既不是宗室，也不是疏族，僅僅是以完顏爲氏的部人。　歡都：完顏部人，祖石魯與昭祖同時同部同名。本書卷六八有傳。

［7］大定：金世宗年號（1161—1189）。　明昌：金章宗年號（1190—1196）。　睿宗：宗輔廟號。宗輔又名宗堯，世宗父。本書卷一九有紀。

［8］宣宗：廟號。即完顏珣。1213年至1223年在位。本書卷一四至卷一六有紀。

［9］泰和：金章宗年號（1201—1208）。

［10］袒免：指斬衰、齊衰、大功、小功、緦麻等五服之外的遠親。

［11］大功：五服之一，指堂兄弟，未婚的堂姊妹，已婚的姑、姊妹、侄女及衆孫、衆子婦、侄婦等。

［12］貞祐：金宣宗年號（1213—1217）。此處“貞祐以後”，指貞祐二年（1214）遷都南京以後。

斡魯[1]		匡本名撒速。八世孫。太師、尚書令。[2]		

右始祖子，[3]與德帝凡二人。[4]

[1]斡魯：本書卷六五有傳。

[2]匡：即完顔匡。本書卷九八有傳。　太師：三師之首，師範一人，儀刑四海。正一品。本書卷九九《徒單鎰傳》，衛紹王大安初，完顔匡爲“太尉”。本書卷九八《完顔匡傳》，大安元年（1209）四月“匡拜尚書令，封申王”，應於“尚書令”後補“申王”。又“匡奏乞以所遷三官讓其兄奉御賽一”。完顔匡兄賽一，表失載。　尚書令：尚書省長官。總領紀綱，儀刑端揆。正一品。

[3]右始祖子：今改横排本，“右”即爲“上”。凡此，以後不再加注。

[4]德帝：名烏魯，始祖長子。本書卷一有紀。

輩魯[1]		胡率[2]	劾者特進。[3]	

右德帝子，與安帝凡三人。[4]

[1]輩魯：本書卷六五有傳。

[2]胡率：本書卷六五有傳。

[3]劾者：本書卷六五有傳。　特進：文散官。從一品中下階。

[4]與安帝凡三人：“三人”，局本作“二人”，中華點校本推斷“三”當是“二”之誤。按本表安帝與輩魯衹二人，本書卷六五《始祖以下諸子傳》載，“德帝思皇后生安帝，季曰輩魯”。

信德[1]				
謝庫德[2]		拔達儀同三司。		
謝夷保[3]	盆納開府儀同三司。[4]			
謝里忽[5]				

右安帝子，與獻祖凡五人。[6]婆盧火稱安帝五代孫，不稱誰子，不可以世，置之卷末。

[1]信德：安帝次子。見本書卷六五。

[2]謝庫德：安帝第三子。本書卷六五有傳。

[3]謝夷保：安帝第四子。見本書卷六五。

[4]盆納：見本書卷六五《謝庫德傳》。

[5]謝里忽：安帝第五子。本書卷六五有傳。

[6]獻祖：廟號。名綏可，安帝長子。本書卷一有紀。

朴都				
阿保寒				
敵酷				
敵古迺				
撒里輦				
撒葛周[1]				

右獻祖子，與昭祖凡七人。[2]

[1]朴都、阿保寒、敵酷、敵古迺、撒里輦、撒葛周：皆獻祖子。見本書卷六五。

[2]昭祖：廟號。名石魯，獻祖長子。本書卷一有紀。

烏骨出[1]	辭不失阿買勃極烈。[2]	[3]	宗亨寧州刺史。[4]	
			宗賢尚書左丞相。[5]	
跋黑[6]	[7]	昂本名奔睹。太保、兼都元帥。[8]	崇浩右丞相、兼都元帥。[9]	[10]
跋里黑				
斡里安				
胡失荅[11]				

右昭祖子，與景祖凡六人。[12]付古稱昭祖曾孫，[13]崇成稱昭祖玄孫，不稱誰子，不可以世，置之卷末。

[1]烏骨出：又作烏古出，景祖母弟。本書卷六五有傳。

[2]辭不失：又作習不失。局本有“金源郡王”。本書卷七〇本傳載，辭不失“烏骨出之次子也”，“大定三年，進封金源郡王”。按“次”或是衍字，否則其長兄失載。　阿買勃極烈：金初太祖、太宗朝國家最高軍政機構采用國論勃極烈制度，阿買勃極烈居諸勃極烈第三位。主要職掌參議軍國大事，輔佐諳班勃極烈居守朝廷，掌管日常行政、司法工作（程妮娜《金代政治制度研究》，吉林大學出版社 1999 年版，第 10 頁）。

[3]此格空白。局本作“呼沙呼真定留守”。《殿本考證》認爲此處“呼沙呼”失載。《金史詳校》卷五稱，辭不失“下格已加鶻沙虎真定留守”。按本書卷七〇《習不失傳》，“子鶻沙虎，天會間爲真定留守，子撻不也”，則此處當有“鶻沙虎真定留守”七字。

[4]宗亨：本名撻不野，鶻沙虎子。本書卷七〇有傳。依例，

小注當補“本名撻不野”五字。　寧州刺史：刺史州長官。正五品。寧州治所在今甘肅省寧縣。

[5]宗賢：本名賽里，熙宗時，爲左丞相兼都元帥。本書卷七〇有傳。　左丞相：爲宰相，掌丞天子，平章萬機。從一品。依例，當於小注分别補入“本名賽里”與尚書左丞相後補“兼都元帥”八字。

[6]跋黑：世祖使爲勃堇，而不令典兵。本書卷六五有傳。依例，當加小注“勃堇”二字。

[7]此格空白。殿本、局本作“斜斡”二字。本書卷八四謂，昂，景祖弟跋黑之孫，斜斡（又作斜葛）之子。此格當補“斜斡”或“斜葛”二字。

[8]昂：局本有“漢國公”三字。世宗大定三年（1163）進封漢國公，拜都元帥，太保如故。本書卷八四有傳。依例，小注當補“漢國公”三字。　太保：三師之一。正一品。　都元帥：都元帥府長官。掌征討之事。

[9]崇浩：本名老。局本作“宗浩”，本書卷九三《宗浩傳》作“宗浩”。按本書卷一〇〇《宗端脩傳》載：“章宗避睿宗諱上一字，凡太祖諸子皆加‘山’爲‘崇’。”章宗朝宗浩改爲崇浩。本書卷一二《章宗紀》，章宗泰和七年（1207）正月，以左丞相崇浩兼都元帥。小注“右丞相”當改“左丞相”，且依例當加“本名老”三字。　右丞相：爲宰相。從一品。

[10]此格空白。按本書卷九三《宗浩傳》載：“訃聞，上震悼，輟朝，命其子宿直將軍天下奴奔赴喪所。”《殿本考證》認爲“宗浩之子恬霞努”失載。《金史詳校》卷五，“下格已加天下奴宿直將軍”。

[11]跋里黑、斡里安、胡失荅：三人本傳見本書卷六五，皆昭祖次室所生。前二人爲跋黑同母弟，後一人爲跋黑異母弟。跋里黑，又作僕里黑。

[12]景祖：廟號。名烏古迺，昭祖元配徒單氏所生的嫡長子。本書卷一有紀。

[13]付古：南監本、北監本、殿本、局本並作“什古”。

勀者韓國公。[1]	撒改國論忽魯勃極烈、金源郡王。[2]	宗翰本名粘没曷。太保、領三省事、晉國王。[3]	[4]	秉德左丞相。[5]
				斜哥[6]
		扎保迪特進。[7]		
		宗憲尚書右丞相。[8]		
	斡魯西南路都統、金源郡王。[9]	撒八銀青光禄大夫。[10]	賽里[11]	
勀孫沂國公。[12]	昱本名蒲家奴。大司空。[13]			阿魯[14]
勀真保代國公。[15]				
麻頗虞國公。[16]	謾都本金紫光禄大夫。[17]			
	謾睹[18]	[19]		
[20]	賽也[21]	宗尹平章政事。[22]	[23]	
	[24]	宗寧平章政事。[25]	亶韓州刺史。[26]	
阿离合懣[27]	晏本名斡論。太尉、左丞相。[28]	悳里乃[29]		

		宗道河南路統軍使。[30]		
謾都訶阿捨勃極烈、鄭國公。[31]	謀里也工部尚書。[32]			

右景祖子，與世祖、肅宗、穆宗凡九人。[33]冶訶、魯補稱係出景祖，[34]不稱誰子，不可以世，置之卷末。

[1]劾者：景祖元配唐括氏長子。見本書卷六五。此處下列長子撒改，次子斡魯，按本書卷七一《斡魯傳》，“斡魯，韓國公劾者第三子”。與此異。

[2]撒改：劾者長子。本書卷七〇有傳。　國論忽魯勃極烈：太祖、太宗朝國家最高軍政機構采用國論勃極烈制度，國論忽魯勃極烈居第二位，掌與諸勃極烈共同參議、決定軍國大事，主持國家的中心工作。　金源郡王：封爵名。爲封王郡號第一。

[3]宗翰：撒改長子。本書卷七四有傳。　粘没曷：本書卷七四《宗翰傳》作“粘没喝”。　領三省事：金熙宗中央官制改革期間，由諸勃極烈以三師的身份出任領三省事，爲三省最高長官。　晋國王：封爵名。天眷格，爲大國封號第六。

[4]此格空白。本書卷一二九《蕭裕傳》與卷一三二《秉德傳》載，海陵殺宗翰子孫三十餘人。《宋俘記》載，真珠大王没野母（没野馬）爲宗翰長子，寶山大王斜保（斜寶）爲宗翰次子，表皆不載。

[5]秉德：本名乙辛，宗翰孫。據本書卷一三二本傳，海陵既立，以秉德爲左丞相，兼侍中、左副元帥，封蕭王。依例，小注當分别加以“本名乙辛”與“兼侍中、左副元帥，封蕭王”。又，本傳所載“其弟特里、糺里”，“撒改曾孫盆買”，表皆不載。

[6]斜哥：宗翰孫，秉德弟。大定間，累坐贓枉法，後復起爲勸農副使。本書卷七四有傳。依例，當加小注“勸農副使”四字。

［7］扎保迪：金太祖天輔年間死於對遼戰場。

［8］宗憲：本名阿懶，撒改子。本書卷七〇有傳。《松漠紀聞》載，字吉甫。依例，小注應加“本名阿懶”四字。

［9］斡魯：韓國公劾者第二子。迭勃極烈，與宗翰等伐宋，行西南、西北兩路都統事。本書卷七一有傳。小注“西南路都統”應改爲“迭勃極烈，行西南、西北兩路都統事”。　西南路都統：金初都統司路的軍政長官。由皇帝親自任免，掌安輯人民，徵收賦稅，處理訴訟，衛戍治安，鎮守地方，遇有大規模軍事行動，率本路兵馬從征（程妮娜《金代政治制度研究》，第66－69頁）。西南路都統司治所在雲中，今山西省大同市。

［10］撒八：斡魯子。見本書卷七一《斡魯傳》。　銀青光禄大大：文散官。即正二品下階的銀青榮禄大夫。

［11］賽里：撒八子。見本書卷七一《斡魯傳》。

［12］劾孫：景祖元配唐括氏第三子，正隆例降封沂國公。本書卷六五有傳。　沂國公：封爵名。天眷格，爲次國封號第二十七。

［13］昱：本名蒲家奴，劾孫子。本書卷六五有傳。正隆例封豫國公，依例，當於小注加“豫國公”三字。　大司空：即司空。三公之一。正一品。

［14］阿魯：本書卷七三《宗尹傳》，“豫國公昱之曾孫阿魯”，“阿魯爲奉御”。依例，當加小注“奉御”二字。

［15］劾真保：母景祖次室契丹人注思灰。見本書卷六五。　代國公：封爵名。天眷格，爲次國封號第十一。

［16］麻頗：母景祖次室温迪痕敵本。本書卷六五有傳。　虞國公：封爵名。天眷格，爲次國封號第十二。

［17］謾都本：麻頗長子。本書卷六五有傳。　金紫光禄大夫：文散官。正二品上階。

［18］謾睹：又作鑾覩，麻頗子。局本有“襲明安”。明安即猛安。本書卷六五本傳載，“鑾覩，襲父麻頗猛安”。依例，當加小注“猛安”二字。

［19］此格空白。本書卷六五《鑾覩傳》謂，鑾睹子掃合，掃合子撒合輦，撒合輦子惟鎔，惟鎔子從傑。又謂，惟鎔本名没烈，遷邳州經略使。從傑累功遥授鎮南軍節度副使。表皆失載。依例，由此格起，自左向右，應依次補入"掃合""撒合輦""惟鎔""從傑"四人。並於"惟鎔"格加小注"本名没烈。邳州經略使"。於"從傑"格加小注"鎮南軍節度副使"。

［20］此格空白。下第二行第一格的"阿离合懣"，當移置於此。　阿离合懣：景祖第八子。母景祖次室温迪痕敵本，子賽也、斡論。本書卷七三本傳載，天德中，改贈開府儀同三司、隋國公。依例，應加小注"隋國公"三字。又謂"其子蒲里迭"，似爲其幼子。同卷《宴傳》有"晏兄子鶻魯補"。表皆失載。《金史詳校》卷五，"'賽也'後隔一空行，當加'蒲里迭'。又'蒲里迭'下格當加'鶻里補'"。

［21］賽也：阿离合懣子。本書卷七三《守能傳》謂，大定間，補賽也蕃部通事。依例，當加小注"蕃部通事"四字。

［22］宗尹：本名阿里罕，賽也子。本書卷七三有傳。依例，當加小注"本名阿里罕"。　平章政事：尚書省屬官。爲宰相，掌丞天子，平章萬機。從一品。

［23］此格空白。《宗尹傳》謂，"宗尹乞令子銀术可襲其猛安"。此格應補"銀术可"，並加小注"襲猛安"。

［24］此格空白。下一行第二格"晏"，當移置於此。《宗寧傳》未書宗寧之父，僅云"系出景祖，太尉阿离合懣之孫"。阿离合懣未曾爲太尉，以《宗道傳》"系出景祖，太尉訛論之少子也"爲例，此句有脱漏。應爲"系出景祖，太尉訛論之子，阿离合懣之孫"。如是，"晏"則應上移一行，置於"宗寧"的前一格。　晏：本名斡論，又作訛論。景祖孫，阿离合懣次子。本書卷七三有傳。

［25］宗寧：本名阿土古，阿离合懣之孫。本書卷七三有傳。依例，當加小注"本名阿土古"五字。

［26］亶：本書《宗寧傳》謂，"其子符寶郎亶爲韓州刺史"。

［27］阿离合懣：當移置前二行第一格。參見注釋［20］。

［28］晏：當移置前一行第二格。參見注釋［24］。　太尉：三公之一。正一品。

［29］漚里乃：本書《晏傳》謂，“晏之子漚里乃”。

［30］宗道：本名八十，太尉斡論少子。本書卷七三有傳。依例，小注當加“本名八十”四字。　河南路統軍使：河南統軍司長官。掌督領軍馬，鎮攝封陲，分營衛，視察奸。正三品。此處局本作“臨洮尹、龍虎衛上將軍”。按本書卷七三《宗道傳》：“宗道本名八十。……承安二年……尋授河南路統軍使……移知臨洮，以病解。泰和四年，卒。贈龍虎衛上將軍。”局本是。“河南路統軍使”當改爲“臨洮尹、龍虎街上將軍”。

［31］謾都訶：母景祖次室温迪痕敵本。本書卷六五有傳。　阿捨勃極烈：金朝中央國論勃極烈制度成員，設於太宗天會二年（1124）至三年，掌參議軍國大事，爲諳班勃極烈的副手（程妮娜《金代政治制度研究》，第 10 – 11 頁）。　鄭國公：封爵名。天眷格，爲次國封號第三。

［32］謀里也：又作謀里野。本書卷七六《宗義傳》謂，“謀里野，景祖孫，謾都訶次子”。按謾都訶長子及謀里也子孫，本書皆失載。　工部尚書：工部長官。掌修造營建法式、諸作工匠、屯田、山林川澤之禁、江河堤岸、道路橋梁等事。正三品。

［33］世祖、肅宗、穆宗：世祖，廟號。名劾里鉢，景祖第二子。肅宗，廟號。名頗剌淑，景祖第四子。穆宗，廟號。名盈歌，景祖第五子。三人皆景祖元配唐括氏所生，本書卷一皆有紀。

［34］魯補：按本卷末冶訶之後有“阿魯補係出景祖，行臺左丞相”。本書卷八〇《阿离補傳》載，“阿离補，宗室子，系出景祖”，皇統六年（1146）“爲行臺左丞相”，“子言、方”。又卷一三二《烏帶傳》載，“言本名烏帶，行臺左丞相阿魯補子也”。施國祁《金史詳校》卷五，“‘魯’上已加‘阿’”。中華點校本校勘記據上認爲，此處“魯補”上脱“阿”字。

斡帶魏王。[1]		[2]		
杲本名斜也。諳班勃極烈、遼王。[3]	宗義本名孛吉。平章政事。[4]			
	蒲馬龍虎衛上將軍。			
	孛論出龍虎衛上將軍。			
	阿魯龍虎衛上將軍。			
	偎喝龍虎衛上將軍。			
	阿虎里襲猛安。[5]			
斡賽鄭王。[6]	宗永震武軍節度使。[7]			
斡者魯王。[8]	神土懣驃騎上將軍。[9]	璋本名胡麻愈。御史大夫。[10]		
烏故乃漢王。[11]				
闍母魯王。[12]	宗叙參知政事。[13]			
查剌沂王。[14]				
昂本名烏特。平章政事、鄆王。[15]	鄭家益都尹。[16]	承暉右丞相。[17]		
	鶴壽耶魯瓦群牧使。[18]			

右世祖子，與康宗、太祖、太宗凡十一人。[19]

[1]斡帶：世祖第三子，母世祖元配拿懶氏。本書卷六五有傳。　魏王：封爵名。天眷格，爲大國封號第九。

[2]此格空白。本書卷五《海陵紀》、卷七六《宗義傳》皆謂，“魏王斡帶之孫活里甲”，故當於此格補“活里甲”三字。

[3]杲：世祖第五子，母世祖元配拿懶氏。本書卷七六有傳。　諳班勃極烈：金初中央國論勃極烈成員，居諸勃極烈之首，又是金朝皇帝的儲貳。掌參議處理國家各項重要的軍政要務，皇帝在朝時其爲副貳，皇帝出征時監國（程妮娜《金代政治制度研究》，第8－9頁）。　遼王：封爵名。天眷格，爲大國封號第一。

[4]宗義：斜也第九子。大定初，贈特進。本書卷七六有傳。依例，當於小注加補“特進”二字。

[5]蒲馬、孛論出、阿魯、偎喝、阿虎里：皆宗義弟。見本書卷七六《宗義傳》。偎喝，又作隈喝。　龍虎衛上將軍：武散官。正三品上階。　猛安：女真地方行政建置的長官名稱。猛安相當於防禦州，長官掌修理軍務，訓練武藝，勸課農桑，防捍不虞，禦制盗賊。從四品。具有軍政合一的特點，實行世襲制。又，猛安也用於女真封世襲爵名稱。

[6]斡賽：母世祖次室徒單氏。本書卷六五有傳。本傳與世祖諸子名録稱其爲“衛王”或“衛國王”，本書《表》與卷六六《朮魯傳》則稱其爲“鄭王”。　鄭王：封爵名。大定格，爲次國封號第二。

[7]宗永：本名挑撻，斡賽子。本書卷六五有傳。依例，小注當補加“本名挑撻”四字。　震武軍節度使：節度州長官。從三品。震武軍治於代州，治所在今山西省代縣。

[8]斡者：母世祖次室徒單氏，斡賽母弟。天會十五年(1137)，追封魯王，正隆例改封公。本書卷六五有傳。小注“魯

王”，並非最後正隆例的降封。　鲁王：封爵名。大定格，爲大國封號第十二。

[9]神土懣：本書卷六五《斡者傳》謂，“子神土懣、驃騎衛上將軍”。按《百官志》武散官正三品下階，亦作“驃騎衛上將軍”，小注“驃騎上將軍”當改爲“驃騎衛上將軍”。

[10]璋：神土懣子。本書卷六五有傳。又本書卷八四《杲傳》謂，“魯王斡者孫耶魯”，表失載。當於“璋”下加一行，與其同格處，補以“耶魯”二字。然不知其爲誰之子，待考。　御史大夫：御史臺長官。掌糾察朝儀，彈劾官吏，勘察官府公事。原正三品，大定十二年（1172）升從二品。

[11]烏故乃：母世祖次室僕散氏。見本書卷六五《世祖諸子傳》。　漢王：封爵名。大定格，爲大國封號第六。

[12]闍母：母世祖次室术虎氏，太祖異母弟。太宗伐宋，闍母爲元帥左都監。大定二年（1162），徙封魯王，謚莊襄。本書卷七一有傳。依例，小注當補“元帥左都監”五字。

[13]宗敘：本名德壽，闍母第四子。本書卷七一有傳。依例，小注當補“本名德壽”四字。其兄三人皆失載。　參知政事：爲執政官，爲宰相之貳，佐治省事。從二品。

[14]查剌：即世祖子暈的本名。本書卷六五《世祖諸子傳》謂，世祖“次室术虎氏生沂王查剌”。卷四《熙宗紀》天眷二年（1139）謂，“咸州詳穩沂王暈”。依例，“查剌”當改作“暈”，小注“沂王”當改作“本名查剌，咸州詳穩、沂王”。

[15]昂：本名又作吾都補，世祖最幼子，母世祖次室烏古論氏。本書卷六五有傳。　鄆王：封爵名。天眷格，爲次國封號第二十三。

[16]鄭家：《宋史》卷三二《高宗紀九》作“完顏鄭家奴”。本書卷六五有傳。　益都尹：府官名。尹即府尹，正三品。益都即益都府，治所在今山東省青州市。

[17]承暉：本名福興，鄭家子。宣宗遷汴，進拜右丞相，兼都

元帥，徙封定國公。本書卷一〇一有傳。依例，小注當於“右丞相”前後分别加補“本名福興”與“定國公”。又，該傳謂，“以從兄子永懷爲後”，“詔以永懷爲器物局直長，永懷子撒速爲奉御”。永懷與撒速，表皆失載。

[18]鶴壽：鄆王昂之子。本書卷一二一本傳作“本名吾都不”。依例，小注當補“本名吾都不”。　耶魯瓦群牧使：群牧所長官。掌檢校群牧畜養蕃息之事。從四品。

[19]康宗、太祖、太宗：三人皆爲世祖元配拿懶氏所生。康宗，廟號。本名烏雅束，世祖長子。太祖，廟號。漢名旻，本名阿骨打，世祖第二子。太宗，廟號。漢名晟，本名吴乞買，世祖第四子。

耨酷款温國公。				
蒲魯虎崇國公。[1]				

右肅宗子二人。

[1]耨酷款、蒲魯虎：肅宗二子，本書僅此一見。又《大金國志》卷二七《骨舍傳》，“骨舍，武元從叔祖頗剌淑之孫，於武元爲從堂弟也”，“天會初封鎬國王”。肅宗頗剌淑有孫名“骨舍”，但不詳其父爲誰，録此以備考。　温國公：封爵名。天眷格，爲次國封號第三十。　崇國公：封爵名。大定格，爲小國封號第三。

勗本名烏也。太師、領三省事。[1]	宗秀刑部尚書。[2]			

撻懶左副元帥。[3]	[4]			
蒲察齊國公。[5]				
蒲里迭崇國公。[6]				
撒杭銀青光禄大夫。[7]				

右穆宗子五人。胡八魯稱穆宗孫，不稱誰子，不可以世，置之卷末。

[1]勗：本名烏也，局本“領三省事”後有“金源郡王”。本書卷六六本傳，穆宗第五子，正隆例降金源郡王。依例，當移置下四行“撒杭”之後，並於小注加補“金源郡王”。

[2]宗秀：本名斯里忽，勗子，正隆間改贈金紫光禄大夫。本書卷六六有傳。依例，當隨“勗”移置“撒杭”之後第二格，小注分別補加“本名斯里忽”與“金紫光禄大夫”。　刑部尚書：刑部長官。掌律令、刑名、監户、官户、配隸、功賞、捕亡等事。正三品。

[3]撻懶：漢名昌，穆宗子。天會十五年（1137）封魯國王。本書卷七七有傳。又，本書卷四《熙宗紀》，天眷二年“以左副元帥撻懶爲行臺左丞相”。依例，“撻懶”當改爲“昌”，並於小注中分別加補“本名撻懶”與“魯國王”。“左副元帥”當改爲“行臺左丞相”。　左副元帥：元帥府屬官。掌征討之事，位僅次於都元帥。正二品。

[4]此格空白。本書《撻懶傳》謂，“撻懶二子斡帶、烏達補”。依例，當於此格並補“斡帶”與“烏達補”二人。

[5]蒲察：即本書卷八〇《阿离補傳》所見衍慶亞次功臣“濟國公蒲查”。“齊國公”當是“濟國公”之誤（王可賓《穆宗子蒲察事蹟考略》，《北方文物》1998 年第 3 期）。　齊國公：封爵名。天眷格，爲大國封號第八。

[6]蒲里迭：與阿离合懣之子同名，本書僅此一見。

[7]撒梲：本書僅此一見。

謀良虎[1]	余里也[2]		蒲帶上京路提刑使。[3]	
	蒲魯虎襄猛安。	桓端金紫光禄大夫。[4]	裊頻	
	按荅海太子太保、金源郡王。[5]	[6]		
	燕京[7]			
	阿鄰兵部尚書。[8]			
同刮茁昭武大將軍。[9]				
隈可龍虎衛上將軍。[10]				

右康宗子三人。史載常春、胡里剌、胡剌、鶻魯、荼扎、怕八、訛出皆稱謀良虎孫，不稱誰子，不可以世。

[1]謀良虎：漢名宗雄，康宗長子，母康宗元配唐括氏。大定

二年（1162）追封楚王，謚威敏。本書卷七三有傳。依例，“謀良虎”當改作“宗雄”，小注爲“本名謀良虎。楚王”。

[2]余里也：本書僅此一見。

[3]蒲帶：本書卷七三《宗雄傳》載，“宗雄孫蒲帶”，“章宗即位，初置九路提刑司，蒲帶爲北京臨潢提刑使”。依例，“蒲帶”應前移一格。小注“上京”應改爲“北京臨潢”。蒲帶不清楚爲何人之子，此表繫於此。　上京路提刑使：提刑司長官。掌審察刑獄，糾察貪官污吏之事。《百官志》記載提刑司後改名按察司，以提刑使比按察使，正三品。

[4]蒲魯虎、桓端：本書卷七三《宗雄傳》：“初，蒲魯虎襲猛安，蒲魯虎卒，贈金紫光禄大夫。子桓端襲之，官至金吾衛上將軍。桓端卒，子裊頻未襲而死。”本表有誤，“襲之”與“未襲”者，皆指“世襲猛安”。依例，蒲魯虎小注當加“金紫光禄大夫”，桓端小注當改爲“金吾衛上將軍”。

[5]按荅海：亦書作安達海，又名阿魯綰，宗雄次子。本書卷七三有傳。按其爲“次子”，不應排於第三行。然若按荅海爲次子，蒲魯虎當爲長子，余里也本書僅一見，此表的位次當有誤。　太子太保：東宫屬官。爲宫師府三師之一。正二品。

[6]此格空白。本書卷六三《海陵諸嬖傳》，“宗室安達海之子乙剌補”。此格當補加“乙剌補”三字。

[7]燕京：本書卷七三《按荅海傳》謂“弟燕京”，卷七一《宗叙傳》亦謂“按荅海弟燕京”。

[8]阿鄰：本書卷七三有傳。　兵部尚書：兵部長官。掌兵籍、軍器、城隍、鎮戍、厩牧、鋪驛、車輅、儀仗、郡邑圖志、險阻、障塞、遠方歸化等事。正三品。

[9]同刮茁：母康宗次室温都氏。　昭武大將軍：武散官。正四品上階。

[10]隈可：亦作偎喝，母康宗次室僕散氏。大定元年（1161）封宗國公。本書卷六六本傳，“大定元年，封宗國公，爲勸農使，

卒官”。小注應改“龍虎衛上將軍”爲“勸農使”，補“宗國公”。

宗幹太師、領三省事、遼王。[1]	充左丞相、代王。[2]	檀奴歸德軍節度使。[3]		
		永元本名元奴。[4]		
		耶補同知濟南尹。[5]		
		阿里白輔國上將軍。[6]		
	兖太尉、領三省事。[7]	阿合同知定武軍節度使。[8]		
	襄輔國上將軍。[9]	和尚應國公。[10]		
	袞西京留守。[11]			
宗望本名斡里不。左副元帥、宋王。[12]	齊[13]	齩住襲猛安。[14]		
	京西京留守。[15]			
	文大名尹、荆王。[16]			
宗弼本名兀术。太師、領三省事、梁王。[17]	亨廣寧尹、韓王。[18]			
	羊蹄[19]			

烏烈豐王。[20]				
宗傑趙王。[21]	奭會寧牧、鄧王。[22]	阿懶[23]		
		撻懶[24]		
宗雋右丞相、陳王。[25]				
訛魯沈王。[26]				
訛魯朶豳王。[27]				
宗强衛王。[28]	爽本名阿鄰。太子太傅、榮王。[29]	[30]		
	可喜兵部尚書。[31]			
	阿瑣濟南尹。[32]			
宗敏左丞相、曹王。[33]	褒舒國公。[34]			
	阿里罕密國公。[35]			
習泥烈紀王。[36]				
寧吉息王。[37]				
燕孫莒王。[38]				
斡忽鄴王。[39]				

右太祖子，與景宣、[40]睿宗凡十六人。[41]遼王宗幹子與海陵五人。[42]

[1]宗幹：本名斡本，太祖庶長子，母太祖次室光懿皇后裴滿氏。本書卷七六有傳。依例，小注當補加"本名斡本"四字。

[2]充：本名神土懣，宗幹子，死後追封鄭王。本書卷七六有傳。依例，小注當補加"本名神土懣"，"代王"改爲"鄭王"。代王：封爵名。天眷格，爲次國封號第十一。

[3]檀奴：充之子，世宗時贈榮禄大夫。本書卷七六有傳。依例，小注當補加"榮禄大夫"四字。　歸德軍節度使：節度州長官。從三品。　歸德軍：治所在今遼寧省綏中縣西南。

[4]永元：本名元奴，充之子，世宗時卒官彰德軍節度使。本書卷七三有傳。依例，小注當補加"彰德軍節度使"六字。

[5]耶補：即耶補兒，充之子。本書卷七三有傳。　同知濟南尹：府官名。掌通判府事。正四品。濟南府治所在今山東省濟南市。

[6]阿里白：充之子。本書卷七六有附傳。　輔國上將軍：武散官。從三品中階。

[7]兖：本名梧桐，宗幹子，世宗追降特進。本書卷七六有傳。依例，小注當補"本名梧桐"。

[8]阿合：兖子。本書卷七三有傳。　同知定武軍節度使：州官。通判節度使事，兼州事者仍帶同知管内觀察使。正五品。定武軍置定州，後復名中山府，治所在今河北省定州市。

[9]襄：本名永慶，海陵母弟，世宗追降銀青光禄大夫。本書卷七六有傳。依例，小注當補"本名永慶"四字，"輔國上將軍"當改爲"銀青光禄大夫"。

[10]和尚：襄子，海陵賜名樂善。本書卷七六《襄傳》，"子和尚封應國公，賜名樂善"。依例，此處當補"樂善"，注爲"本

名和尚”。　應國公：封爵名。天眷格，爲小國封號第十九。

[11]衮：本名蒲甲，亦作蒲家，宗幹子。本書卷七六有傳。依例，小注當補“本名蒲甲”四字。　西京留守：京官。兼本府府尹、本路兵馬都總管。正三品。西京治所在今山西省大同市。

[12]宗望：本名斡魯補，又作訛魯補、斡离不、斡里不，太祖第三子，母太祖次室欽憲皇后紇石烈氏。本書卷七四有傳。　宋王：封爵名。天眷格，爲大國封號第四。

[13]齊：本名受速，宗望子，累官特進。本書卷七四有傳。依例，當加小注“本名受速。特進”六字。

[14]螌住：齊子。《齊傳》謂，螌住“襲叔父京山東西路徒毋堅猛安”。

[15]京：本名忽魯，宗望子。本書卷七四有傳。依例，小注當補“本名忽魯”四字。又《京傳》，“兄德州防禦使文”。是以“京”當改在“文”下一行，與“文”互换行位。

[16]文：本名胡剌，宗望子，後降德州防禦使。本書卷七四有傳。依例，小注當補“本名胡剌”四字。“大名尹”當改爲“德州防禦使”。　大名尹：府長官。正三品。大名府治所在今河北省大名縣東北。　荆王：封爵名。明昌格，爲次國封號第二十六。

[17]宗弼：本名斡啜，又作兀术，太祖第五子，母太祖次室元妃烏古論氏。本書卷七七有傳。本傳不見梁王封號，或爲卒後追贈。　梁王：封爵名。天眷格，爲大國封號第三。

[18]亨：本名孛迭，宗弼子。本書卷七七有傳。依例，小注當補“本名孛迭”四字。又《大金國志》卷一七大定十七年(1177)，“完顔兀术子偉”。卷一九承安元年（1196），“偉乃忠烈王兀术之次子也”。是以當於“亨”下一行同格，補加“偉”。韓王：封爵名。天眷格，爲次國封號第六。

[19]羊蹄：亨子。《亨傳》謂“子羊蹄”，是以“羊蹄”當上移一行，置於“亨”之後一格。

[20]烏烈：母太祖元配聖穆皇后唐括氏。見本書卷六九《太祖

諸子傳》。　豐王：封國名。天眷格，爲次國封號第二十。

［21］宗傑：本名没里野，母太祖元配聖穆皇后唐括氏。大定間贈太師，進封趙王。本書卷六九有傳。依例，小注當補“本名没里野”與“太師”等七字。　趙王：封爵名。大定格，爲大國封號第八。

［22］奭：宗傑長子。《宗傑傳》謂，“後爲上京留守，再改燕京、西京”。小注當將“會寧牧”改爲“西京留守”。　會寧牧：京府長官，職同府尹。正三品。會寧府治所在今黑龍江省阿城市白城。　鄧王：封爵名。天眷格，爲次國封號第二十二。

［23］阿懶：又作“阿楞”，奭子。《胙王元傳》，阿楞“奉國上將軍”。當加小注“奉國上將軍”五字。

［24］撻懶：又作撻楞、達懶，奭子。見卷六九《完顏宗傑傳》。

［25］宗雋：本名訛魯觀，母太祖次室欽憲皇后紇石烈氏。天眷元年（1138）爲尚書左丞相，封陳王。二年，拜太保，領三省事，進封兖國王。本書卷七九有傳。“右丞相”當改爲“領三省事”，“陳王”當改爲“兖國王”。依例，小注當補“本名訛魯觀”。　陳王：封爵名。天眷格，爲大國封號第十九。

［26］訛魯：母太祖次室欽憲皇后紇石烈氏。見本書卷六九《太祖諸子傳》。　沈王：封爵名。天眷格，爲次國封號第九。

［27］訛魯朵：母太祖次室宣獻皇后僕散氏。見本書卷六九《太祖諸子傳》。　豳王：封爵名。明昌格，爲次國封號第六。

［28］宗强：本名阿魯，母太祖元妃烏古論氏。封衛王、太師。本書卷六九有傳。依例，小注當補“本名阿魯”與“太師”等字。衛王：封爵名。大定格，爲次國封號第三。

［29］爽：本名阿鄰，宗强子，進封榮王，太子太傅後改太子太師。本書卷六九有傳。依例，小注“太子太傅”當改爲“太子太師”。　太子太傅：東宫屬官。宫師府三師之一。正二品。　榮王：封爵名。大定格，爲次國封號第二十七。

［30］此格空白。《爽傳》，“爽有疾，詔除其子符寶祗候思列爲忠順軍節度副使”。卷七《世宗紀》大定十七年（1177）亦有相同記載。此格，應補“思列”二字，並加小注“忠順軍節度副使”。

［31］可喜：宗强子。本書卷六九有傳。

［32］阿瑣：宗强幼子。本書卷六九有傳。　濟南尹：府長官。正三品。

［33］宗敏：本名阿魯補，母太祖元妃烏古論氏，太保、領三省事兼左副元帥，封曹國王。本書卷六九有傳。卷四《熙宗紀》皇統九年（1149）六月，“以都元帥宗敏爲太保、領三省事兼左副元帥。左丞相宗賢兼都元帥”。小注稱宗敏爲左丞相，乃《宗室表》編録者斷句之誤。由此，小注應補“本名阿魯補”，改“左丞相”爲“太保、領三省事兼左副元帥”。“曹王”當改爲“曹國王”。　曹王：封爵名。天眷格，爲大國封號第二十。

［34］褒：按本書卷六九《宗敏傳》，“封子撒合輦舒國公，賜名褒，進封王”。小注當補“本名撒合輦”五字。　舒國公：封爵名。天眷格，爲小國封號第十三。

［35］阿里罕：宗敏子。見本書卷六九《宗敏傳》。　密國公：封爵名。天眷格，爲小國封號第二十二。

［36］習泥烈：母太祖崇妃蕭氏。見本書卷六九《太祖諸子傳》。　紀王：封爵名。天眷格，爲次國封號第十六。

［37］寧吉：習泥烈同母弟。見本書卷六九《太祖諸子傳》。　息王：封爵名。天眷格，爲小國封號第九。

［38］燕孫：習泥烈同母弟。見本書卷六九《太祖諸子傳》。　莒王：封爵名。天眷格，爲小國封號第十。

［39］斡忽：母太祖娘子獨奴可。見本書卷六九《太祖諸子傳》。　鄴王：封爵名。天眷格，爲小國封號第十一。

［40］景宣：謚號。即熙宗父景宣皇帝，名宗峻，本名繩果。太祖第二子，母太祖元配聖穆皇后唐括氏，於諸子中最嫡。本書卷一九有紀。

[41]睿宗：廟號。世宗父，初名宗輔，後名宗堯，本名訛里朵，母太祖次室宣憲皇后僕散氏。本書卷一九有紀。

[42]海陵：封號。名亮，字元功，本名迪古迺。遼王宗幹第二子，母宗幹次室大氏。本書卷五有紀。

宗磐太師、領三省事、宋王。[1]	[2]			
宗固左丞相、豳王。[3]	[4]			
宗雅代王。[5]				
阿魯補虞王。[6]				
斛沙虎滕王。[7]				
宗懿薛王。[8]				
宗本左丞相、原王。[9]	阿里虎[10]			
鶻懶翼王。[11]				
宗美豐王。[12]				
神土門鄆王。[13]				
斛孛束霍王。[14]				
斡烈蔡王。[15]				
宗哲畢王。[16]				
宗順徐王。[17]				

右太宗子十四人。史載北京留守卞、[18]平陽尹稟皆太宗孫，[19]不稱誰子，不可以世。

［1］宗磐：本名蒲魯虎。本書卷七六有傳。小注當補“本名蒲魯虎”五字。

［2］此格空白。本書卷六三《海陵諸嬖傳》，“宗磐子阿虎迭”。此格，當補“阿虎迭”三字。

［3］宗固：本名胡魯。本書卷七六有傳。依例，小注當補“本名胡魯”四字。又本傳與《熙宗紀》皆作“右丞相兼中書令”，小注“左丞相”當改爲“右丞相兼中書令”。本書卷七六《宗本傳》謂，“大定二年追封宗固魯王”，小注“豳王”當改“魯王”。

［4］此格空白。據本書卷五《海陵紀》、卷六三《海陵諸嬖傳》、卷七六《宗本傳》，宗固有二子，一名胡里剌，一名京，表皆失載。京本名胡石賚，又作胡失來、胡失打，左宣徽使，大定二年（1162）贈金吾衛上將軍。應在此格並行加補胡里剌與京二人。

［5］宗雅：本書卷七六《宗固傳》謂，“宗雅，本名斛魯補，封代王”。同卷《宗本傳》謂，“中京留守宗雅”，大定二年追封“宗雅曹王”。依例，小注當補“本名斛魯補”與“中京留守”，並改“代王”爲“曹王”。

［6］阿魯補：本書卷七六《宗固傳》謂，“宗偉本名阿魯補，封虞王”。依例，“阿魯補”當改“宗偉”，小注加補“本名阿魯補”。　虞王：封爵名。大定格，爲次國封號第十。

［7］斛沙虎：本書卷七六《宗固傳》謂，“宗英本名斛沙虎，封滕王”。依例，“斛沙虎”當改爲“宗英”，小注當補“本名斛沙虎”。　滕王：封爵名。天眷格，爲次國封號第十四。

［8］宗懿：本書卷七六《宗固傳》謂，“宗懿本名阿鄰，封薛王”。同卷《宗本傳》謂，“東京留守宗懿”。又謂，大定二年追封“宗懿鄭王”。小注當補“本名阿鄰”與“東京留守”，“薛王”當改“鄭王”。　薛王：封爵名。天眷格，爲次國封號第十五。

［9］宗本：本名阿魯。本書卷七六有傳。小注當補“本名阿魯”。又本傳作海陵立，“進太傅，領三省事”。小注“左丞相”當改爲“太傅、領三省事”。本書卷七六《宗固傳》謂，宗本“封原

王”，本傳又謂大定二年（1162）追封“宗本潞王”，小注“原王”當改“潞王”。　原王：封爵名。天眷格，爲次國封號第十七。

［10］阿里虎：本書卷七六《宗本傳》“長子鎖里虎”，即阿里虎。卷五《海陵紀》天德三年（1151）五月又見“宗本子莎魯啜”，卷六三《海陵諸嬖傳》作“莎魯剌”。是知宗本有二子，長子名阿里虎，又作鎖里虎；另一子名莎魯啜，又作莎魯剌。當於“阿里虎”下加一行，於同格補以“莎魯啜”。

［11］鶻懶：本書卷七六《宗固傳》謂，“鶻懶封翼王”。同卷《宗本傳》謂，大定二年鶻懶不復加封。　翼王：封爵名。天眷格，爲次國封號第十九。

［12］宗美：本書卷七六《宗固傳》謂，“宗美本名胡里甲，封豐王”。同卷《宗本傳》謂，“判大宗正事宗美”，大定二年追封“宗美衛王”。依例，小注當補“本名胡里甲”與“判大宗正事”，並改“豐王”爲“衛王”。

［13］神土門：本書卷七六《宗固傳》謂，“神土門封鄆王”。同卷《宗本傳》又謂，大定二年追封“神土門豳王”。小注“鄆王”當改“豳王”。

［14］斛孛束：本書卷七六《宗固傳》謂，“斛孛束封霍王”。同卷《宗本傳》又謂，大定二年追封“斛孛束沈王”。小注“霍王”當改“沈王”。　霍王：封爵名。天眷格，爲次國封號第二十四。

［15］斡烈：本書卷七六《宗固傳》謂，“斡烈封蔡王”。同卷《宗本傳》又謂，大定二年追封“斡烈鄂王”。小注“蔡王”當改“鄂王”。　蔡王：封爵名。天眷格，爲次國封號第二十五。

［16］宗哲：本書卷七六《宗固傳》謂，“宗哲本名鶻沙，封畢王”。同卷《宗本傳》謂，“益都尹畢王宗哲”，大定二年追封“宗哲韓王”。小注當補“本名鶻沙”與“益都尹”，並改“畢王”爲“韓王”。　畢王：封國名。天眷格，次國封號第二十一。

［17］宗順：本書卷七六《宗固傳》謂，“宗順本名阿魯帶”，

“封徐王”。《宗本傳》又謂，大定二年追封“隋王”。小注當補“本名阿魯帶”，並改“徐王”爲“隋王”。　徐王：封爵名。天眷格，爲次國封號第十三。

[18]北京留守：京路長官。例兼本府府尹、本路兵馬都總管。正三品。　北京臨潢府：治所在今内蒙古自治區巴林左旗林東鎮南波羅城。　卞：據本書卷七六《宗本傳》，本名可喜，爲海陵所殺，大定二年追贈金吾衛上將軍。

[19]平陽尹：府路長官。例兼河東南路兵馬都總管。正三品。平陽府治所在今山西省臨汾市。　稟：據本書卷七六《宗本傳》，本名胡离改，爲海陵所殺，大定二年亦追贈金吾衛上將軍。

元本名常勝。胙王。[1]	[2]			
查剌安武軍節度使。[3]				

右景宣子，與熙宗，[4]凡三人。

[1]元：本名常勝，北京留守。本書卷六九有傳。依例，小注當補“北京留守”四字。　胙王：封爵名。天眷格，爲小國封號第二十三。

[2]此格空白。本書卷六九《胙王元傳》：“元子育，本名合住。大定二十七年，自南京副留守遷大宗正丞，兼勸農副使。”表失載。當於此格補加“育”，並加小注“本名合住。大宗正丞”。

[3]查剌：見卷六九《胙王元傳》。　安武軍節度使：節度州長官。從三品。安武軍設在冀州，治所在今河北省冀州市。

[4]熙宗：廟號。名亶，本名合剌，宗峻嫡子，母蒲察氏。本書卷四有紀。

濟安皇太子。[1]				
道濟魏王。[2]				

右熙宗子二人。

[1]濟安：母熙宗悼平皇后裴滿氏。本書卷八〇有傳。

[2]道濟：母熙宗賢妃。皇統三年（1143）爲中京留守，俄封魏王。本書卷八〇有傳。依例，小注當補“中京留守”。　魏王：封爵名。天眷格，爲大國封號第九。

光英皇太子。[1]				
元壽崇王。[2]				
矧思阿不宿王。[3]				
廣陽滕王。[4]				

右海陵子四人。

[1]光英：本名阿魯補，又名趙六，母海陵后徒單氏。本書卷八二有傳。依例，小注當補“本名阿魯補”。

[2]元壽：母海陵元妃大氏。本書卷八二有傳。

[3]矧思阿不：又作慎思阿不，母海陵柔妃唐括氏。本書卷八二有傳。　宿王：封爵名。天眷格，爲小國封號第八。

[4]廣陽：母海陵才人南氏。本書卷八二有傳。

吾里補齊王。[1]				

右睿宗子，與世宗凡二人。[2]

[1]吾里補：本書僅此一見。　齊王：封爵名。天眷格，爲大國封號第八。

[2]世宗：廟號。名雍，本名烏禄，母睿宗次室貞懿皇后李氏。本書卷六至卷八有紀。

永中鎬王。[1]	瑜石古乃。[2]			
	璋神土門。[3]			
	玘阿思懣。[4]			
	瑑阿离合懣。[5]			
孰輦趙王。[6]				
斜魯越王。[7]				
永功越王。[8]	璐福孫。奉國上將軍。[9]			
	璹壽孫。密國公。[10]	[11]		
	琳粘没曷。[12]			
永成豫王。[13]	瑋仁壽。[14]			
	瑭仁安。[15]			
永升夔王。[16]	璡歡睹。[17]			
永蹈鄭王。[18]	按春			
	阿辛[19]			

永德曹王。[20]	琰斡論。[21]			

右世宗子，與顯宗、[22]衛紹王凡十人。[23]

[1]永中：本名實魯剌，又名萬僧，世宗長子，母世宗元妃張氏。章宗明昌三年（1192）判平陽府事。本書卷八五有傳。依例，小注當補“本名實魯剌”與“判平陽府事”。按世宗諸子，皆排“允”字行。章宗避其父允恭諱，改“允”爲“永”。衛紹王即位，又避己名永濟諱，改“永”爲“惟”。本卷不復再注。　鎬王：封爵名。明昌格，爲大國封號第四。

[2]瑜：本名石古乃，永中子。章宗即位，特加銀青榮禄大夫。見本書卷八五《永中傳》。依例，“石古乃”前應加“本名”二字，下文多缺“本名”二字，不再一一注出。又小注當補“銀青榮禄大夫”。

[3]璋：本名神土門，又作神徒門，永中第二子。見本書卷八五《永中傳》。

[4]玘：本名阿思懣，永中子，大定二十七年（1187）加奉國上將軍。見本書卷八五《永中傳》。依例，小注當補“奉國上將軍”。

[5]瑑：本名阿离合懣，永中第四子。章宗即位，加奉國上將軍。見本書卷八五《永中傳》。依例，小注當補“奉國上將軍”。

[6]孰輦：母世宗昭德皇后烏林荅氏，顯宗母弟。見本書卷八五《世宗諸子傳》。

[7]斜魯：母世宗昭德皇后烏林荅氏，顯宗母弟。見本書卷八五《世宗諸子傳》。　越王：封爵名。大定格，爲大國封號第九。

[8]永功：本名宋葛，又名廣孫。母世宗元妃張氏，永中母弟。衛紹王大安元年，判中山府事。本書卷八五有傳。依例，小注當補“本名宋葛”與“判中山府事”。

[9]璐：本名福孫，永功子。章宗即位，加銀青榮禄大夫，封

蕭國公。見本書卷八五《永功傳》。依例，小注“奉國上將軍”當改爲“銀青榮禄大夫”，補“蕭國公”。　奉國上將軍：武散官。從三品上階。

［10］璹：本名壽孫，永功子。《歸潛志》謂，自號樗軒居士。本書卷八五有傳。

［11］此格空白。本書卷八五《璹傳》謂，“第五子守禧，字慶之”，表失載。此格當補“守禧”二字。

［12］琳：本名粘没曷，永功子。見本書卷八五《永功傳》。

［13］永成：本名鶴野，又曰婁室，自號樂善居士，母世宗昭儀梁氏。章宗明昌七年（1196），改判平陽府事。本書卷八五有傳。依例，小注當補“本名婁室”與“判平陽府事”。　豫王：封爵名。大定格，爲大國封號第十四。

［14］瑋：永成子。本書卷一四《宣宗紀上》，貞祐四年（1216）二月“壬子，任國公瑋薨”。依例，小注當補“任國公”三字。

［15］瑭：本書僅此一見。

［16］永升：本名斜不出，一名鶴壽，母世宗才人石抹氏。章宗即位，除定武軍節度使。本書卷八五有傳。依例，小注當補“本名斜不出”與“定武軍節度使”。　夔王：封爵名。明昌格，爲大國封號第十八。

［17］璡：本書僅此一見。

［18］永蹈：本名銀术可，初名石狗兒，母世宗元妃李氏。章宗明昌三年，判定武軍事。本書卷八五有傳。依例，小注當補“本名銀术可”與“判定武軍事”。

［19］按春、阿辛：永蹈二子。見本書卷八五《永蹈傳》。

［20］永德：本名訛出，母世宗元妃李氏，永蹈母弟。宣宗興定五年（1221）判大睦親府事。本書卷八五有傳。依例，小注當補“本名訛出”與“判大睦親府事”。又本傳謂，永德先後進封薛王、沈王、豳王、潞王，却不見有曹王。世宗諸子，曾封爲曹王者，祇

有永功與永升。“曹王”似爲“潞王”之誤。

[21]琰：永德子。見本書卷八五《永德傳》。

[22]顯宗：廟號。本名胡土瓦，先賜名允迪，後改賜允恭。母世宗昭德皇后烏林荅氏，於諸子中最嫡。本書卷一九有紀。

[23]衛紹王：謚號。小字興勝，名允濟，章宗時更名永濟。世宗第七子，母世宗元妃李氏。本書卷一三有紀。

琮承慶。鄆王。[1]				
瓌歡睹。瀛王。[2]				
瓚阿鄰。霍王。[3]				
琦吾里補。瀛王。[4]				
玠謀良虎。温王。[5]				

右顯宗子，與章宗、宣宗凡七人。[6]

[1]琮：本名承慶，母田氏。章宗即位，遷開府儀同三司。本書卷九五有傳。依例，小注當補“開府儀同三司”。

[2]瓌：本名桓篤，又作歡睹，鄆王琮同母弟。章宗即位，遷開府儀同三司。本書卷九五有傳。依例，小注當補“開府儀同三司”。　瀛王：封爵名。明昌格，爲次國封號第二十四。

[3]瓚：本名阿鄰，世宗賜名瓚，章宗避己名諱改賜從彝。母田氏早卒，温妃石抹氏養爲己子，明昌四年（1193）爲趙王孰輦後。章宗承安四年（1199），除秘書監。本書卷九三有傳。依例，小注當補“又名從彝”與“祕書監”。

[4]琦：本名吾里不，又作吾里補、吾都補，世宗賜名琦，章宗改賜從憲，母劉氏。章宗泰和六年（1206），授秘書監。本書卷九三有傳。依例，小注當補“又名從憲”與“祕書監”。

[5]玠：本名謀良虎，母王氏。章宗即位，遷開府儀同三司。

本書卷九三有傳。依例，小注當補“開府儀同三司”。　温王：封爵名。大定格，爲次國封號第三十。

[6]章宗：廟號。小字麻達葛，名璟，顯宗嫡子，母顯宗孝懿皇后徒單氏。本書卷九至卷一二有紀。　宣宗：廟號。名珣，小字吾睹補，顯宗長子，母昭華劉氏。本書卷一四至卷一六有紀。

洪裕絳王。[1]				
洪靖阿虎懶。荆王。[2]				
洪熙斡魯不。榮王。[3]				
洪衍撒改。英王。[4]				
洪輝訛論。壽王。[5]				
忒鄰葛王。[6]				

右章宗子，凡六人。

[1]洪裕：章宗嫡子，母章宗欽懷皇后蒲察氏。本書卷九三有傳。　絳王：封爵名。明昌格，爲大國封號第十五。

[2]洪靖：本名阿虎懶，母章宗資明夫人林氏。本書卷九三有傳。

[3]洪熙：本名斡魯不，又作訛魯不。本書卷九三有傳。

[4]洪衍：本名撒改。本書卷九三有傳。　英王：封爵名。大定格，爲次國封號第二十八。

[5]洪輝：本名訛論。本書卷九三有傳。　壽王：封爵名。大

定格，爲次國封號第二十九。

[6]忒鄰：母章宗元妃李氏。本書卷九三有傳。　葛王：封爵名。天眷格與大定格，均爲小國封號第二十七。

從恪皇太子。[1]				
琚猛安。[2]				
瑄按出。[3]				
瑑按辰。[4]				

右衛紹王子，史稱六子，可以名見者四人。[5]

[1]從恪：本書卷九三有傳。本書卷一一五《崔立傳》稱其爲“承恪”，乃避哀宗父宣宗從嘉名諱。

[2]琚：本名猛安，世宗賜名琚。見本書卷九三《衛紹王子傳》。

[3]瑄：本名按出，世宗賜名瑄。見本書卷九三《衛紹王子傳》。

[4]瑑：本名按辰，又作按陳，世宗賜名瑑。見本書卷九三《衛紹王子傳》。

[5]史稱六子，可以名見者四人：本書卷九三《從恪傳》謂：“大安元年，封子六人爲王，從恪胙王，有任王、鞏王，餘弗傳。”

守忠皇太子，謚莊獻。[1]	鏗皇太孫。謚冲懷。[2]			
玄齡[3]				
守純荆王。[4]	訛可曹王。			
	孛德鞏王。[5]			

右宣宗子，與末帝凡四人。[6]他書載守純子三人，可以名見者二人。

[1]守忠：宣宗長子，其母未詳。本書卷九三有傳。

[2]鏗：守忠子。見本書卷九三《守忠傳》。

[3]玄齡：或曰莊獻太子母弟，或曰麗妃史氏所生。本書卷九三有傳。

[4]守純：本名盤都，宣宗第二子，母真妃龐氏。哀宗正大元年（1224），罷平章政事、判睦親府。本書卷九三有傳。依例，小注當補“本名盤都”與“平章政事、判睦親府”。

[5]訛可、孛德：守純子三人，可以名見者二人。本書卷九三《守純傳》謂，長曰訛可，進封曹王；次曰某，封戴王；次曰孛德，封鞏王。當於訛可與孛德間，補“某”並加小注“戴王”。　鞏王：封爵名。大定格，爲小國封號第二十六。

[6]末帝：本書稱末帝者，或指哀宗，或指承麟，此指哀宗。哀宗本名寧甲速，初名守禮，後名守緒。宣宗第三子，母明慧皇后王氏。本書卷一七、一八有紀。

阿古迺始祖兄。[1]	不知世次	撻不也遼太尉。[2]	胡十門驃騎衛上將軍。[3]	鈎室[4]
	不知世次	合住遼領辰、復二州。[5]	蒲速越遼中正節度使。[6]	
			余里也曹州防禦使。[7]	
			布輝順天軍節度使。[8]	

保活里始祖弟。[9]	四世孫滓不乃[10]	石土門金源郡王。[11]	習失特進。[12]	
			思敬平章政事。[13][14]	
		阿斯懣[15]		
		迪古迺同中書門下平章事。[16]		
婆盧火安帝五代孫。泰州都統。[17]	婆速[18]	吾扎忽[19][20]		
胡特孛山婆盧火族兄弟。[21]	杲本名撒离喝。行臺尚書左丞相。[22]	宗安御史大夫。[23]		
什古昭祖曾孫。東京留守。[24]	阿魯帶參知政事。[25]	襄尚書左丞相。[26]	[27]	
崇成昭祖玄孫。武衛軍都指揮使。[28]				
冶訶係出景祖。銀青光禄大夫。[29]	阿魯補元帥右將軍。[30]	[31]		
	骨赧天德軍節度使。[32]	喜哥[33]		
	訛古乃西南路招討使。[34]			

	撒荅[35]	蒲查西南路招討使。[36]		
阿魯補系出景祖。行臺左丞相。[37]	烏帶尚書左丞相。[38]	[39]	[40]	
	方簽書樞密院事。[41]			
胡八魯穆宗孫。寧州刺史。[42]	齊利涉軍節度使。[43]			
拔离速宗室子。元帥左監軍。[44]				
	銀术可拔离族子。同中書門下平章事。[45]	瞉英平章政事。[46]		
	麻吉銀术可弟。銀青光禄大夫。[47]	沃側西北路招討使。[48]		
宗賢本名阿魯。太祖從侄。婆速路兵馬都總管。[49]				

右諸宗室可譜者凡十一族，雖稱係出某帝，而不能世次，不譜於各帝之下，所以慎也。

[1]阿古迺：本書卷一《世紀》，始祖函普“兄阿古迺好佛，

留高麗不肯從”。　始祖：名完顔函普。見本書卷一《世紀》。

［2］撻不也：見本書卷六六《胡十門傳》。《遼史》卷一七《聖宗紀八》太平六年（1026）冬，“曷蘇館部乞建旗鼓”，自此曷蘇館女真始繫遼籍。　遼太尉：遼代北面官、南面官都設有大小太尉，此處所指不詳。

［3］胡十門：曷蘇館女真人。太祖二年來歸，自謂阿古迺之後。本書卷六六有傳。　驃騎衛上將軍：武散官。正三品下階。

［4］鉤室：以其父所管七部，爲曷蘇館都勃堇。見本書卷六六《胡十門傳》。依例，應補小注“曷蘇館都勃堇”。

［5］合住：曷蘇館苾里海人，亦稱始祖兄苗裔。本書卷六六有傳。　辰：遼州名。治所在今遼寧省蓋州市。　復：遼州名。治所在今遼寧省瓦房店市西北復州城。

［6］蒲速越：曷蘇館女真部長。“遼中正節度使”即本書卷六六《合住傳》所稱“静江中正軍節度使”，應是寄禄官，亦稱“静江軍節度使”。

［7］余里也：與胡十門同時歸朝，以功遷真定府路安撫使兼曹州防禦使，授苾里海水世襲猛安。見本書卷六六《合住傳》。據《合住傳》，余里也並非合住子，乃蒲速越之子，當移至“蒲速越”後一格。　曹州防禦使：州長官。掌防捍不虞，禦制盜賊，餘同府尹。從四品。曹州，治所在今山東省菏澤市。

［8］布輝：襲父猛安，累遷順天軍節度使。見本書卷六六《合住傳》。據《合住傳》布輝亦非合住子，乃余里也之長子，當移置於“蒲速越”後二格。　順天軍節度使：州長官。從三品。順天軍，設在保州，治所在今河北省保定市。

［9］保活里：本書卷一《世紀》，始祖函普“獨與弟保活里俱。始祖居完顔部僕幹水之涯，保活里居耶懶”。

［10］滓不乃：又作直离海。本書卷七〇《石土門傳》，“父直离海，始祖弟保活里四世孫”。

［11］石土門：耶懶路完顔部人。又作神徒門，神土懣。世爲其

部長，正隆例封金源郡王。本書卷七〇有傳。

［12］習失：又作習室。熙宗時贈特進，大定間謚威敏。本書卷七〇有傳。本書卷七〇《思敬傳》嘗譯爲“辭不失”。

［13］思敬：習失之弟，本名撒改，初名思恭，避顯宗諱改名思敬。大定二年（1162）封濟國公，七年召爲平章政事，九年拜樞密使。本書卷七〇有傳。依例，小注當補“本名撒改”與“濟國公”，改“平章政事”爲“樞密使”。又《思敬傳》，“孫吾侃术特，大定二十四年，除明威將軍，授速濱路寶鄰山猛安”。思敬後二格應補“吾侃术特”加小注“猛安、明威將軍”。

［14］本書卷七〇《石土門傳》又謂，石土門有子名蟬春，表失載。應在思敬下加一行，同格，補加“蟬春”。

［15］阿斯懣：石土門弟。見本書卷七〇《石土門傳》。

［16］迪古迺：漢名忠，字阿思魁，石土門之弟，大定二年（1162）追封金源郡王。本書卷七〇有傳。依例，“迪古迺”當改“忠”，小注補“本名迪古迺”與“金源郡王”。　同中書門下平章事：遼制爲中書省屬官。據《遼史·百官志》，位於中書令、左右丞相、知中書省事、中書侍郎之下。金初沿遼制，後廢。本書《百官志》不載。

［17］婆盧火：天會十三年（1135）加同中書門下平章事。天眷元年（1138）卒，贈開府儀同三司，謚剛毅。本書卷七一有傳。依例，小注當加“開府儀同三司”。　安帝：名完顔跋海。見本書卷一《世紀》。　泰州都統：金初都統司路的軍政長官。泰州治所在今吉林省洮南市東北雙塔鄉城四家子舊城址，一説在今黑龍江省泰來縣塔子城，金承安三年（1198）移治長春縣，在今吉林省前郭爾羅斯蒙古族自治縣西北塔虎村。

［18］婆速：本書卷七一《婆盧火傳》：“子剖叔，襲猛安，天眷二年，爲泰州副都統。子斡帶，廣威將軍。婆速，官特進。子吾扎忽。”施國祁認爲，剖叔即婆速的異文，傳誤分一人爲二人。中華點校本認爲，斡帶與吾扎忽爲兄弟。陳述則誤以爲斡帶爲剖叔弟。

依例，婆速當加小注“泰州副都統、特進”。

［19］吾札忽：婆速子，累官胡里改節度使。本書卷七一有傳。依例，當加小注“胡里改節度使”。

［20］據前注，當於吾札忽另行同格，補加“斡帶”並注“廣威將軍”。

［21］胡特孛山：本書卷八四《杲傳》作“胡魯補山”。

［22］杲：本名撒离喝，安帝六代孫，泰州婆盧火之族，胡魯補山之子，嘗爲世祖養子。大定三年（1163），追封金源郡王，謚莊襄。本書卷八四有傳。依例，小注當補“金源郡王”。　行臺尚書左丞相：金熙宗、海陵朝行臺尚書省屬官。本書《百官志》無載，官品不詳。

［23］宗安：撒离喝子，見本書卷七六《杲傳》、卷七六《宗義傳》、卷五《海陵紀》。

［24］什古：本書卷九四《襄傳》，“祖什古乃，從太祖平遼，以功授上京世襲猛安，曆東京留守”。“什古”即“什古乃”。　昭祖：名完顔石魯，見本書卷一《世紀》。　東京留守：京路長官。例兼本府府尹、本路兵馬都總管。正三品。東京遼陽府，治所在今遼寧省遼陽市。

［25］阿魯帶：見本書卷九四《襄傳》。

［26］襄：本名唵，昭祖五世孫。進封南陽郡王，官至左丞相，卒後謚武昭。本書卷九四有傳。依例，小注當補“本名唵”與“南陽郡王”。

［27］此格空白。本書卷一一一《内族思烈傳》載，“内族思烈，南陽郡王襄之子也”，天興元年（1232）“權參知政事，行省事于鄧州”，後罷行省之職，以守中京。卷一七《哀宗紀上》天興元年五月及七月，亦有相同記録，表皆失載。此格，當補“思烈”，加小注“中京留守”。

［28］崇成：本名僕灰，原名宗成，章宗時避睿宗諱改名崇成。泰州司屬司人，昭祖玄孫。本書卷六五有傳。依例，小注當補“本

名僕灰”。　武衛軍都指揮使：武衛軍都指揮司長官。隸尚書兵部，掌防衛都城，警捕盜賊。從三品。

[29]冶訶：居神隱水完顔部，爲其部勃堇。天會十五年（1137），贈銀青光禄大夫。明昌五年（1194），贈特進，謚忠濟。本書卷六八有傳。小注“銀青光禄大夫”當改“特進”。又系出景祖或有誤，似爲昭祖或獻祖，見《冶訶傳》今注。　景祖：名完顔烏古迺。見本書卷一《世紀》。

[30]阿魯補：冶訶子。皇統三年（1143）“改元帥右監軍，婆速路統軍，歸德軍節度使，累階儀同三司”。本書卷六八有傳。依例，小注“元帥右將軍”當改“元帥右監軍”，並加“儀同三司”。本書卷六八《阿魯補傳》又謂，天會初，阿魯補“復從其兄虞劃，率兵三千攻乾州，虞劃道病卒，代領其衆”，表失載。當在“阿魯補”行前加一行，並在其同格補以“虞劃”。　元帥右監軍：都元帥府屬官。掌征討之事。正三品。

[31]此格空白。《阿魯補傳》謂，大定三年（1163）“詔以其子爲右衛將軍，襲猛安及親管謀克”，表失載。當在此格補加“某”並注“右衛將軍”。

[32]骨赧：冶訶子，累遷開府儀同三司。本書卷六八有傳。依例，小注當補“開府儀同三司”。　天德軍節度使：遼節度州長官。天德軍治所在今内蒙古自治區烏拉特前旗東北。

[33]喜哥：本書卷六八《骨赧傳》，“子喜哥襲猛安，加宣武將軍”。依例，當加小注“宣武將軍”。

[34]訛古乃：冶訶子。皇統九年（1149）再遷天德尹、西南路招討使，天德四年（1152）遷臨洮尹，加金紫光禄大夫。本書卷六八有傳。依例，小注“西南路招討使”當改“臨洮尹、金紫光禄大夫”。　西南路招討使：招討司長官。掌招懷降附，征討携離。正三品。西南路，大定八年（1168）前設在豐州，治所在今内蒙古自治區呼和浩特市東南白塔村；大定八年以後設在應州，治所在今山西省應縣。

[35]撒荅：又作散荅，冶訶子。見本書卷六八《冶訶傳》。

[36]蒲查：撒荅子，襲伯父骨赧猛安，歷婆速路兵馬都總管，西北路招討使。本書卷六八有傳。小注，當以本傳“西北路招討使”爲是。

[37]阿魯補：又作阿盧補、阿离補，系出景祖。本書卷八〇有傳。本傳謂皇統三年（1143）封譚國公，小注當補“譚國公”三字。又本傳與本書卷一三二《烏帶傳》謂其“行臺左丞相”，但卷四《熙宗紀》謂，皇統六年“三月壬申，以阿离補爲行臺右丞相”，四月“戊午，行臺右丞相阿离補薨”，五月“辛卯，以左宣徽使劉筈爲行臺右丞相”。似以“行臺右丞相”爲是。本傳又謂，“詔以兄猛安沙离質親管謀克之餘户，以阿离補爲世襲謀克”。當於“阿离補”行前加一行，並在同格補以“沙离質”，加小注“猛安”。

[38]烏帶：漢名言，阿魯補子。海陵即位，封許國公，後又進司空、左丞相兼侍中。本書卷一三二有傳。依例，“烏帶”當改爲“言”，小注加補“本名烏帶”與“許國公”。

[39]此格空白。本書卷一三二《烏帶傳》謂，子“兀荅補，終同知大興尹”。當於此格補“兀荅補”加小注“同知大興尹”。

[40]此格空白。本書卷一三二《烏帶傳》謂，兀荅補“子瑭本名烏也阿補，以曾祖阿魯補功，充筆硯祗候”。此格當補以“瑭”，加小注“本名烏也阿補”與“筆硯祗候”。

[41]方：阿魯補子。本書卷八〇有附傳。　簽書樞密院事：樞密院屬官，參掌武備機密之事。正三品。

[42]胡八魯：見本書卷六六《齊傳》。　寧州刺史：刺史州長官。正五品。寧州治所在今甘肅省寧縣。　穆宗：即完顔盈歌。見本書卷一《世紀》。

[43]齊：本名掃合，穆宗曾孫。明昌六年（1195）爲利涉軍節度使，詔留守上京。本書卷六六有傳。依例，小注當補“本名掃合”，改“利涉軍節度使”爲“上京留守”。　利涉軍節度使：節

度州長官。從三品。利涉軍設在隆州，治所在今吉林省農安縣。

[44]拔离速：銀术可弟。表誤置於銀术可與麻吉父輩之格。卒官元帥左監軍，加金吾衛上將軍，謚敏定。本書卷七二有傳。依例，小注當補“金吾衛上將軍”。　元帥左監軍：都元帥府屬官。掌征討之事。正三品。

[45]銀术可：宗室子，拔离速兄。天會十三年（1135）致仕，加保大軍節度使，同中書門下平章事。遷中書令，封蜀王。以正隆例贈金源郡王。大定十五年（1175），謚武襄。本書卷七二有傳。依例，原小注當删，改爲“拔离速兄。中書令、金源郡王”。

[46]彀英：本名撻懶，銀术可子。世宗時歷官左副元帥、平章政事，與濟南尹、平陽尹，以及西京、東京、上京留守，大定十五年（1175）致仕。本書卷七二有傳。依例，小注當加“本名撻懶”，改“平章政事”爲“上京留守”。又《彀英傳》謂，“彀英侄阿魯瓦”，其父不詳，表不載。

[47]麻吉：銀术可母弟。本書卷七二有傳。

[48]沃側：麻吉子。本書卷七二有附傳。　西北路招討使：節度州長官。從三品。西北路最初設在撫州，撫州治所在今河北省張北縣，一説在今内蒙古自治區興和縣境内。後遷至桓州，治所在今内蒙古自治區正藍旗南黑城子。後北遷三十里建新桓州城，在今内蒙古自治區正藍旗北四郎城。

[49]宗賢：與辭不失之孫宗賢同名，本名阿魯。大定初，除同簽大宗正事，封景國公，致仕，起爲婆速路兵馬都總管。本書卷六六有傳。依例，小注當補“景國公”。　婆速路兵馬都總管：二級路長官。掌統諸城兵馬甲仗事。官品不詳。婆速路治所在今遼寧省丹東市東北二十里九連城。

金史　卷六〇

表第二

交聘表上

天下之勢，曷有常哉。金人日尋干戈，撫制諸部，保其疆圉，以求逞志於遼也，豈一日哉。及太祖再乘勝，[1]已即帝位，遼乃招之使降，是猶龍蒸虎變，欲誰何而止之。厥後使者八九往反，終不能定約束，何者？取天下者不徇小節，成算既定矣，終不爲卑辭厚禮而輟攻。

[1]太祖：廟號。即完顏阿骨打，漢名旻。1115 年至 1123 年在位。

遼人過計，宋人亦過計，海上之書曰："克遼之後，五代時陷入契丹漢地願畀下邑。"此何計之過也。血刃相向百戰而得之，卑辭厚幣以求之，難得而易與人，豈人之情哉。宋之失計有三，撤三關故塞不能固燕山塞，[1]汴京城下之盟竭公私之帑以約質，[2]立梁楚而不力戰而江左稱臣。[3]金人豈愛宋人而爲和哉！策既失矣，名既屈矣，假使高宗立歸德，[4]不得河北，[5]可保河南、山東；[6]不然，亦不失爲晋元帝，[7]其孰能亡之。金不能奄有四海，而宋人以尊稱與之，是誰强之邪。

[1]三關：指草橋關、益津關、瓦橋關。　燕山：府名。治所在今北京市。

[2]汴京：宋城名。爲北宋都城所在地。治所在今河南省開封市。

[3]立梁楚：施國祁《金史詳校》卷五認爲，當作“立楚齊”。　江左：指長江下游以東地區。古叙地理以東爲左，西爲右。

[4]高宗：廟號。指南宋開國皇帝趙構。1127 年至 1162 年在位。　歸德：宋府名。治所在今河南省商丘市。

[5]河北：宋路名。金天會七年（1129）析爲河北東、西路。河北東路治所在今河北省河間市，河北西路治所在今河北省正定縣。

[6]河南：指後來金之南京路轄區。　山東：宋路名。金沿之，分山東東、西路。山東東路治所在今山東省青州市，山東西路治所在今山東省東平縣。

[7]晋元帝：指東晋開國皇帝司馬睿。317 年至 322 年在位。

金人出于高麗，[1]始通好爲敵國，後稱臣。夏國始稱臣，[2]末年爲兄弟，於其國自爲帝。宋於金初或以臣禮稱“表”，終以姪禮往復稱“書”。故識其通好與間有兵争之歲，其盛衰大指可觀也已。[3]使者或書本階，或用借授，[4]兩國各因舊史，不必强同云。

[1]高麗：指王建建立的王氏高麗政權（918—1392）。按，金之

女真本出於黑水靺鞨。女真始祖函普自高麗來指的是高麗地，非族屬出自高麗。

[2]夏國：指党項族建立的西夏（1038—1227）。

[3]大指：大意、大要。

[4]本階：指其本來的官階。　借授：即因出使假授之官職。

	宋	夏	高麗
始通好。			穆宗時，[1]高麗醫者自完顏部歸，[2]謂高麗人曰："女直居黑水部族日强，[3]兵益精悍，年穀屢稔。"高麗王聞之，乃遣使來通好。

[1]穆宗：女真人。本名盈歌，字烏魯完，金景祖第五子。本書卷一《世紀》有紀。

[2]完顏部：女真部族名。女真族以所在地及山水名區别部落的名稱。按出虎水完顏部自部長石魯起，中經烏古迺，至盈歌時統一女真各部，勢力擴大到朝鮮咸鏡北道以北、黑龍江以南的廣大地區。完顏部長阿骨打建立金朝後，金有宗室完顏與一般完顏之分。

[3]黑水部：靺鞨舊部名。在今黑龍江下游（包括中游部分地區）。

	宋	夏	高麗
太祖收國元年[1]			
二年			閏正月，[2]高麗遣使來賀捷，且請保州，[3]太祖曰："爾自取之。" 高麗遣蒲馬請保州，[4]詔諭高麗曰："保州近爾邊境，聽爾自取。"

[1]收國：金太祖年號（1115—1116）。

[2]閏正月：原本脱"閏"字，據中華點校本補。

[3]保州：遼州名。治所在今朝鮮平安北道義州與新義州之間。

[4]蒲馬：按本書卷二《太祖紀》，天輔元年（1117）"八月癸亥，高麗遣使來請保州"，中華點校本疑此條當在天輔元年欄内。天輔元年即高麗睿宗十二年，但《高麗史》卷一四《睿宗世家》睿宗十二年無請保州事，而十一年八月"庚辰，金將撒喝攻遼來遠、抱（保）州，二城幾陷。……王乃遣使如金請曰：'抱州本吾舊地，願以見還。'金主謂使者曰：'爾其自取之。'"似此爲收國二年（1116）八月事，繫於此欄無誤，唯上漏書月份。

	宋	夏	高麗[4]
天輔元年[1]	十二月，宋遣登州防禦使馬政來聘，[2]請石晋時陷入契丹漢地。[3]		

[1]天輔：金太祖年號（1117—1123）。

[2]登州防禦使：宋官名。宋承唐制設防禦使，無職掌，無定員，不駐本州，僅爲武臣寄禄之官，高於團練使，低於觀察使。登州，宋州名，治所在今山東省蓬萊市。　馬政：人名。本書僅見於卷二、六〇。據《三朝北盟會編》卷一、二，宋於政和八年（1118，即金天輔二年）四月二十七日遣馬政等過海至女真軍前議事，閏九月二十七日，馬政等至女真所居阿芝川淶流河。此條當入以下天輔二年欄内。中華點校本認爲，此條當移入下一欄，是。馬政使金具體時間諸書記載不一。《宋史》卷二一《徽宗紀三》，宣和元年（1119，即金天輔三年）三月，"庚子，遣武義大夫馬政由海道使女真，約夾攻遼"。《建炎以來繫年要録》卷一則作重和元年（1118）四月己卯，"詔武議大夫馬政與其子承節郎擴及平海軍指揮使呼延慶航海往使"。《大金國志》卷一《太祖武元皇帝上》雖繫此事於天輔元年（1117），但下注"時宋徽宗宣和改元"，當爲宋、金繫年對照失誤，誤將重和元年認爲天輔元年所致。《九朝編年備要》卷二八繫於宣和元年二月。總之，馬政使金當在宣和元年，即金天輔三年，本表此處顯誤。另，諸書皆稱馬政此次出使爲約夾攻遼，而非請地。天輔年間的金宋互使，《三朝北盟會編》記載最詳，據之整理編年如下。卷二，政和八年（金天輔二年）閏九月二十七日丙子，"馬政等至女真所居阿芝川淶流河"。是年十一月己酉朔，宋改元重和元年。十二月二日己卯，"馬政同女真人渤海李善慶等來。

女真發渤海人一名李善慶，熟女真一名小散多，生女真一名勃達，共三人，齎國書，並北珠、生金、貂革、人參、松子爲贄，同馬政等俾來還禮朝覲。以十二月二日至登州，遣詣京師”。卷三，重和二年（金天輔三年）正月十日丁巳，“金人李善慶等至京師”。是年二月庚戌，宋改元宣和。卷四，宣和元年（1119，金天輔三年）三月十八日甲子，“差歸朝官朝議大夫、直祕閣趙有開，忠翊郎王環充使，齎詔書、禮物，與李善慶等渡海聘金國”。趙有開死於登州，“罷使人之行，止差呼延慶等用登州牒遣李善慶等歸”。“六月三日戊寅，呼延慶至女真軍前，爲女真所留。”“十二月二十五日丁酉，女真遣呼延慶回。”宣和二年（金天輔四年）二月二十六日丁酉，呼延慶回到京師。“三月六日丙午，詔中奉大夫、右文殿修撰趙良嗣由登州往使，忠訓郎王環副之。”“三月二十六日自登州泛海”，“四月十四日，抵蘇州關下。會女真已出師，分三路趨上京。良嗣自咸州會于青牛山，諭令相隨，看攻上京，城破，遂與阿骨打相見於龍岡”。“七月十八日丙辰，金人差女真斯剌習魯充回使，渤海高隨、大迪烏副之，持其國書來許燕地。”“九月四日壬寅，趙良嗣引習魯等入國門。”“十八日丙辰，習魯等入辭於崇政殿。”“二十日戊午，習魯等出國門……差登州兵馬鈐轄、武義大夫馬政，持國書及事目，隨習魯等前去報聘。”“差承節郎、京西北路武學教諭馬擴隨父行。”“十一月二十九日丙寅，馬政至女真。”宣和三年（金天輔五年）正月，“金人差曷魯、大迪烏充使副，持書來議夾攻”。曷魯於二月十七日壬午至登州，於五月十三日丙午至京師，於是年八月二十日壬子歸國。

[3]石晉：指五代中的後晉政權（936—947）。　陷入契丹漢地：指後晉皇帝石敬瑭割讓給契丹的燕雲十六州，即幽、薊、瀛、莫、涿、檀、順、新、嬀、儒、武、雲、應、寰、朔、蔚。十六州中幽州、雲州皆爲首府，幽州又稱燕州，故以燕雲代指此十六州。

[4]按本書卷二《太祖紀》八月癸亥，高麗遣使來請保州，從紀補之。《高麗史》卷一四《睿宗世家》，高麗睿宗十二年（1117）三月，“癸丑，金主阿骨打遣阿只等五人寄書”，當繫於此欄。本表漏載。

	宋	夏	高麗
二年	正月，遣散覩報聘于宋，[1]所請之地，與宋夾攻得者有之，本朝自取，不在分割之議。		十二月，遣孛堇术孛以勝遼報諭高麗，[2]仍賜馬一疋。

[1]散覩：女真人。“覩”爲“睹”的異體字，僅見於卷二《太祖紀》及此。本書卷二《太祖紀》所記與此同。然據《三朝北盟會編》卷二，宋重和元年（1118，即金天輔二年）馬政等回登州，“女真發渤海人一名李善慶，熟女真一名小散多，生女真一名勃達，共三人，齎國書，同馬政等俾來還禮朝覲，以十二月二日到登州，詣京師”。小散多當即散覩，此條當繫於重和元年十二月。《建炎以來繫年要録》卷一則稱李善慶爲南海人。《宋史》卷二二《徽宗紀四》宣和元年（1119）正月“丁巳，金人使李善慶來。遣趙有開報聘，至登州而還”，當即此事。《大金國志》卷一《太祖武元皇帝》亦稱出使者爲李善慶，唯繫此事於天輔二年二月，且稱“有開行至登州而死”，與《宋史》不同。

[2]孛堇：金朝建國前女真部落長的稱號。建國後轉變爲一種女真奴隸制國家的官員總稱，隨着金官制改革而消失。 术孛：女真人。僅見於此及本書卷二、一三五。原本作“术堇”，中華點校本依據本書卷二與卷一三五改爲“术孛”，是。另，《高麗史》卷一四《睿宗世家》，高麗睿宗十四年（1119）二月丁酉，“金主遣使來聘，改書曰：‘詔諭高麗國王：朕興師伐遼，……今遣孛堇术孛報諭，仍賜馬一匹，至可領也。’”應即此事。

	宋	夏	高麗[2]
三年	六月，宋遣馬政及其子宏來聘。[1]		

[1]馬宏：本書僅見於卷二、六〇。本書卷二《太祖紀》，天輔三年（1119）六月，“宋使馬政及其子宏來聘”，與此所記同。然據《三朝北盟會編》卷四，宣和二年（1120，即金天輔四年）九月二十日，“習魯等出國門，差馬政持國書及事目，隨習魯等前去報聘，約期夾攻，求山後地，許歲幣等事”，“差馬擴隨父行”，“十一月二十九日，馬政至女真，以國書授之，及出事目示之”。則馬宏之使金當在天輔四年。《建炎以來繫年要録》卷一記宣和二年九月壬辰，“詔登州兵馬鈐轄馬政持國書及事目報聘”。《東都事略》卷一一《徽宗紀》、《宋史》卷二二《徽宗紀》皆作宣和二年（金天輔四年）九月丙辰，以馬政聘金國。則此條當入下欄，“六月”應改爲“九月”。

[2]《高麗史》卷一四《睿宗世家》，高麗睿宗十四年（1119）八月，“丁丑，遣中書主事曹舜舉聘於金。其書有‘况彼源發乎吾土’之語，金主拒不受”。當繫於此欄，本表漏載。

	宋[1]	夏	高麗
四年	二月，[2]宋復遣趙良嗣以書來議燕京、西京之地。[3]		詔使習顯以獲遼國州郡諭高麗。[4]高麗使謂習顯曰：“此

	宋[5]	夏	高麗
			與先父國王之書。”習顯就館，即依舊禮接見，而以表來賀，并貢方物。
五年			

［1］據《宋史》卷二二《徽宗紀四》，宣和二年（1120）“九月壬寅，金人遣勃堇等來”。“丙辰，遣馬政使金國”。當繫於此欄，本表皆漏載。

［2］二月：《建炎以來繫年要録》卷一作“三月丙寅”，《大金國志》卷一繫此事於是年正月，皆誤。中華點校本依據《三朝北盟會編》卷四，趙良嗣等於天輔四年（1120）四月十四日抵薊州城下，隨攻上京，城破，遂與阿骨打相見，將“二月”改爲“四月”。本書卷二《太祖紀》與此同繫於二月。據《宋史》卷二二《徽宗紀四》，二月乙亥，“遣趙良嗣使金國”，可知趙良嗣二月自宋出發，四月抵金。本表此處所載實爲趙良嗣自宋出發的時間，而非其抵金時間。

［3］趙良嗣：原本誤作“趙良暉”。《宋史》卷四七二有傳。　燕京：京路名。治所在今北京市，海陵貞元元年（1153）遷都於此，更名中都。　西京：京路名。治所在今山西省大同市。

［4］習顯：事見於本書卷二、六〇、一三五。施國祁《金史詳校》卷六認爲，“詔使習顯”至“並貢方物”四十七字，當改入七年欄内。按《高麗史》卷十五《仁宗世家》，高麗睿宗十七年（1122）壬寅，即金天輔六年去世，是年載“東女真酋長實現來獻馬”，當即此事。故此條當入天輔六年欄，此處與《金史詳校》皆誤。

［5］據《宋史》卷二二《徽宗紀四》，宣和三年（1121）五月

"丙午，金人再遣曷魯等來"。當繫於五年欄，本表漏載。

	宋[1]	夏	高麗
六年		六月，夏遣李良輔率兵三萬救遼，[2]斡魯、婁室敗之于野谷。[3]	

[1]據《宋史》卷二二《徽宗紀四》，宣和四年（1122）三月"金人來約夾攻。"九月，"金人遣徒孤且烏歇等來議師期"，"遣趙良嗣報聘于金國"。十一月，"金人遣李靖等來許山前六州"。皆當繫於此欄，本表漏載。

[2]李良輔：本書見於卷六〇、七〇、七一、七二、七六、一三四。

[3]斡魯：女真人。姓完顏氏，劾者之子。本書卷七一有傳。　婁室：女真人。姓完顏氏，一名斡里衍。本書卷七二有傳。　野谷：地名。在天德境内，具體地點不詳。此事趙良嗣《燕雲奉使録》與《大金國志》同繫於是年（1122）八月，《遼史・天祚紀》與此同記爲六月。

	宋	夏	高麗
七年	正月，宋復遣趙良嗣來議燕京、西京地，答書如初約，合攻隨得者有之，今自我得，理應有報。趙良嗣言，奉命若得燕		

	宋	夏	高麗
	京,即納銀、絹二十萬匹、綾二萬匹,以代燕地之租税。[1] 二月,宋復遣趙良嗣來定議,加歲幣代燕地租税,[2]并議畫疆、遣使、置榷場、復請西京等事。[3]癸卯,遣孛堇銀术可、鐸剌報聘于宋,[4]許以武、應、朔、蔚、奉聖、歸化、儒、嬀等州,[5]其於西北一帶接連山川及州縣,[6]不在許與之限。戊申,詔平州官與宋使一同分割所與燕京六州之地。[7] 三月,宋使盧益、趙良嗣、馬宏以誓書來。[8]		

	宋	夏	高麗
	四月,復誓書于宋。[9] 五月甲寅,南京留守張覺以南京叛入于宋。[10]		

[1]納銀、絹二十萬匹、綾二萬匹：據《大金國志》卷二《太祖武元皇帝下》："良嗣等稱御筆許二十萬，以上不敢自專。"《三朝北盟會編》卷一三引《金人國書》："良嗣等稱，奉御筆，只許銀五萬兩、絹五萬匹。如不允應，便添十萬。"與此處小異。

[2]加歲幣：《建炎以來繫年要録》卷一、《三朝北盟會編》卷一五皆稱宋徽宗許金人歲幣銀、絹共五十萬，《大金弔伐録》卷一引《回文誓書及差康王少宰出質》與此同。

[3]榷場：金代對外貿易市場。金在與南宋、西夏、高麗、蒙古的沿邊重鎮設榷場，負責對外貿易，並起到政治作用。東勝州等處榷場起着對蒙古羈縻統治的作用，而南方對南宋的榷場貿易則獲利極大。

[4]銀朮可：女真人。完顔氏，又作銀朮哥。《遼史·天祚紀》作銀朮割，《宋史·徽宗紀》作寧朮割。本書卷七二有傳。　鐸剌：本書僅見於卷二、六〇。

[5]武：州名。遼重熙九年（1040）置，治所即今山西省神池縣。金移治寧遠縣（今山西省五寨縣北大武州）。　應：州名。治所在今山西省應縣。　朔：州名。治所在今山西省朔州市。　蔚：州名。治所在今河北省蔚縣。　奉聖：州名。治所在今河北省涿鹿縣。　歸化：州名。治所在今河北省宣化縣。　儒：州名。治所在今北京市延慶縣。　嬀：唐舊州名，契丹爲可汗州。治所在今河北省懷來縣。

[6]山川及州縣：按《大金弔伐録》卷一《白劄子》："其以西并

北一帶接連山後州縣、土地、人民不在許與之限。”則此“山川及”三字當是“山後”之誤。

[7]平州官：原本脱“官”字，中華點校本補“官”字，是。平州：治所在今河北省盧龍縣。　燕京六州：指薊、景、檀、順、涿、易六州。

[8]盧益：本書僅見於卷二、六〇。

[9]復誓書于宋：據《宋史》卷二二《徽宗紀四》，宣和五年（1123）四月，此次使宋者爲楊僕。

[10]南京留守：南京留守司長官，例兼本府府尹、本路兵馬都總管。正三品。南京，京路名，天輔七年（1123）以平州爲南京，至天會四年（1126）復降爲平州。治所在今河北省盧龍縣。　張覺：又作張瑴。本書卷一三三有傳。

	宋	夏[4]	高麗
太宗天會元年[1]	十一月，割武、朔二州與宋。是月庚午，宗望敗張覺于南京城東，[2]覺夜遁奔于宋。 十二月，遣孛堇李靖告哀于宋。[3]	宗望至陰山，[5]以便宜與夏國議和，許以割地。[6]	十二月，高隨、斜野奉使高麗，[7]至境上，接待之禮不遜，隨等不敢往。太宗曰：“高麗世臣於遼，當以事遼之禮事我。而我國有新喪，遼主未獲，勿遽强之。”命隨等還。

［1］天會：金太宗年號（1123—1135），金熙宗初年延用不改（1135—1137）。

［2］宗望：女真人。本名斡魯補，金太祖之子。本書卷七四有傳。宗望取平州，《建炎以來繫年要録》卷一與《大金國志》卷三《太宗文烈皇帝一》皆作十一月，獨《宋史》卷二二《徽宗紀四》繫此事於十月。

［3］李靖：兀惹人。本書僅見於卷三、六〇。

［4］《西夏紀》卷二二引《西夏事略》稱西夏於是年“遣使如金弔慰”，本書卷七八《劉筈傳》：“太祖崩，宋、夏遣使弔慰，凡館見禮儀皆筈詳定。”本表漏載。

［5］陰山：此處陰山是對今河套以北、大漠以南諸山的統稱。

［6］以便宜與夏國議和，許以割地：《西夏紀》卷二二繫此事於西夏元德四年（1122），即金天輔六年，與此不同。

［7］高隨：本書僅見於卷三、六〇、一三五。　斜野：女真人。此斜野疑爲本書卷三襲遥輦昭古牙之斜也，生平不詳。

	宋	夏	高麗
二年	四月，宋始遣太常少卿連南夫等來弔。[1]以高朮僕古等充遺留國信使，[2]高興輔、劉興嗣充告即位國信使如宋。[3]	正月，夏人奉誓表，[4]請以事遼之禮稱藩。 三月，夏使把里公亮等來上誓表。[5]	

	宋	夏	高麗
	八月，以孛堇烏爪乃、李用弓爲賀宋生日使。[6] 十月戊午，宋使賀天清節。[7] 十二月，孛堇高居慶、大理卿丘忠爲賀宋正旦使。[8]	閏三月，遣王阿海、楊天吉賜誓詔于夏。[9] 十月，夏使謝賜誓詔。 戊午，夏使賀天清節。	

[1]太常少卿：宋官名。元豐改制後始置，爲太常寺副長官，協助太常卿掌禮樂、郊廟、社稷、陵寢等事。　連南夫：金初宋官。應山人，建炎初守濠州，始决濠水，由城西涇入淮河，將西濠州城東、西兩城連築爲一城。後官至廣東轉運使。

[2]高术僕古：本書僅見於卷三、六〇。據《宋史》卷二二《徽宗紀四》，宣和六年（1124）九月“庚子，金人遣富謨弼等以遺留物來獻”。所載與本表不同。

[3]高興輔：本書僅見於卷三、六〇。　劉興嗣：本書僅見於卷三、六〇。《宋史》卷二二《徽宗紀四》，宣和六年五月，“癸卯，金人遣使來告嗣位”，可知高、劉二人四月自金出發，五月至宋。《大金國志》卷三《太宗文烈皇帝一》，“五月，國使往宋告嗣位”，是誤將其至宋時間作爲出發時間。國信使是臨時委任的正式代表朝廷的全權使者。

［4］正月，夏人奉誓表：《西夏書事》卷三三，夏元德六年（1124，金天會二年）正月，“遣御史丞芭里公亮奉表金主”，三月，“乾順得金賜地，復遣把里公亮獻方物、上誓表”。可知芭里公亮即把里公亮的異譯，是年正月使金者亦爲把里公亮。

［5］把里公亮：本書僅見於卷六〇、一三四。

［6］烏爪乃：本書僅見於卷三、六〇。　李用弓：本書僅見於此。

［7］天清節：金太宗生日，在十月初五。

［8］高居慶：本書僅見於卷三、六〇。　大理卿：大理寺長官。掌審斷天下奏案、詳核疑獄。正四品。　丘忠：本書僅見於此。本書卷三《太宗紀》與此皆繫此事於天會二年十二月。但據《宋史》卷二二《徽宗紀四》，宣和五年（即天會元年）十一月乙巳，“金人遣高居慶等來賀正旦”，則此條當在上一欄内。本書誤。《大金國志》卷三《太宗文烈皇帝一》，天會元年“十二月，國使初往宋賀正旦”，當指此事，唯繫月錯誤。

［9］王阿海：僅見於本書卷六〇、一三四。　楊天吉：後官至保静軍節度使。本書僅見於卷六〇、一三四。

	宋	夏	高麗［6］
三年	正月癸酉朔，宋使賀正旦。 辛丑，［1］宋龍圖閣直學士許亢宗等賀即位。［2］ 六月，遣李用和等以滅遼告慶于宋。［3］	正月癸酉朔，夏使賀正旦。［4］乙未，夏使奉表致奠于和陵。［5］ 十月壬子，夏使賀天清節。	

	宋	夏	高麗
	七月，以耶律固等爲報謝宋國使。[7] 十月壬子，宋使賀天清節。[8] 是月，詔諸將伐宋。 十二月，宋給事中李鄴等奉金百鋌，[9] 請復修好。是月甲辰，宗望敗宋兵于白河，[10] 遂取燕山州縣。		

[1]辛丑：按，《宣和乙巳奉使金國行程録》，許亢宗於宣和七年（1125）“正月戊戌陛辭，翼日啓行”，當年八月初五日“回程到闕”，其北行第三十五程至和里寨已“時當仲夏”，知此辛丑上脱六月。本書卷三《太宗紀》，金天會三年（1125）正月，“宋遣使賀即位”；《宋史》卷二二《徽宗紀四》，宣和六年（1124）七月戊子，“遣許亢宗賀金國嗣位”。以上皆誤。

[2]龍圖閣直學士：宋官名。爲宋諸殿閣學士之一，始設於景德四年（1007），班在樞密直學士之下。出入侍從，備顧問。無具體執掌。　許亢宗：宋大臣。本書僅此一見。許亢宗有《宣和乙巳奉使金國行程録》（一名《奉使行程録》）行世。

［3］李用和：本書僅見於卷三、六〇。《宋史》卷二二《徽宗紀四》作李孝和，且繫此事於是年九月，當是其於九月至宋。《三朝北盟會編》亦作“李孝和”，但繫於七月。

［4］夏使賀正旦：據《西夏書事》卷三三，是年西夏賀正旦使爲武功郎没細好、副使宣德郎季膺。

［5］和陵：金太祖之陵。《西夏書事》繫此事於是年二月。

［6］《高麗史》卷一五《仁宗世家》，高麗仁宗三年（1125）“五月壬申朔，遣司宰少卿陳淑、尚衣奉御崔學鸞如金。金以國書非表，又不稱臣，不納”。當繫於此欄，本表漏載。

［7］耶律固：契丹人。官至特進，曾主修《遼史》，未成而卒。本書僅見於卷三、六〇、八九、一二五。

［8］宋使賀天清節：據《宋史》卷二二《徽宗紀四》，宣和七年（1125）十一月“乙亥，遣使回慶金國”。本表漏載。

［9］給事中：宋官名。門下省屬官，宋初，詔旨皆由銀臺司封駁，給事中爲寄禄官，元豐改制後，掌封駁政令之失當者。　李鄴：宋大臣。本書僅見於卷六〇、七四、七七。

［10］白河：河名。在今河北省三河市東。

	宋	夏	高麗
四年	正月己巳，[1]宗望諸軍渡河，使吴孝民入汴，[2]問宋取首謀平山者。[3]	正月丁卯朔，夏使賀正旦。	六月，高麗使奉表稱藩，優詔答之，仍以保州地賜。[4]

	宋	夏	高麗
	癸酉，諸軍圍汴。甲戌，宋知樞密院事李梲等奉書謝罪，[5]且請修好。[6]丙子，宗望許宋修好、約質、割三鎮地，[7]增歲幣，載書稱伯姪。戊寅，[8]宋以康王構、少宰張邦昌爲質。[9]辛巳，宋使沈晦等賫所上誓書、三鎮地圖至軍中[10]。癸未，諸軍解圍。 二月丁酉朔夜，宋姚平仲以兵四十萬襲宗望軍。[11]己亥，復進兵	十月丁未，夏使賀天清節。[12]	七月，遣高伯淑、烏至忠使高麗。[13] 十月丁未，高麗賀天清節。[14] 十一月，遣高隨等爲賜高麗生日使。[15]

	宋	夏	高麗
	圍汴。[16]辛丑，宋遣資政殿學士宇文虛中以書來，[17]辯姚平仲兵非出宋主意。[18]改肅王樞爲質，[19]遣康王構歸。[20]壬子，宗望渡河，以滑州、濬州與宋。[21] 　　七月戊子，宋以蠟書陰構右都監耶律余篤，[22]蕭仲恭獻其書。[23]八月，諸軍復伐宋，元帥府遣楊天吉、王汭以書責宋。[24]		

	宋[25]	夏	高麗
	十一月丙戌,[26]宗望軍至汴。 閏月壬辰朔,宗望敗宋兵于汴城下。癸巳,宗翰至汴。[27]辛酉,宋帝詣宗翰、宗望軍,舍青城。[28] 十二月癸亥,以表降,是日歸于汴城。		

[1]己巳:《宋史》卷二三《欽宗紀》,靖康元年(1126)正月,“甲戌,金人遣吴孝民來議和”,繫日與此不同。或本表所載爲出發時間,而《宋史》所載爲抵達時間。

[2]吴孝民:本書事見於卷三、六〇、七四、七七。

[3]平山:按本書卷一三三《張覺傳》金改平州爲南京,置留守,詔曰:“平山一郡今爲南京,節度使爲留守。”平山乃平州别稱,或“山”爲“州”之誤。在今河北省盧龍縣。

[4]以保州地賜:《高麗史》卷一五《仁宗世家》是年(1126)九月,高伯淑、烏至忠使高麗,“金主勅伯淑等曰:‘高麗凡遣使往來當盡循遼舊,仍取保州路及邊地人口在彼界者,須盡數發還,若一一聽從,即以保州地賜之。’”同年十二月載高麗謝宣諭表曰:“高伯淑至,密傳聖旨,保州城地,許屬高麗,更不收復。”則賜地之事當

繫於七月，此誤。

[5]知樞密院事：宋官名。爲樞密院長官，常以文臣充任，統轄三衙，以文制武。　李棁：宋大臣。本書僅見於卷三、六〇。

[6]請修好：《宋史》卷二三《欽宗紀》，靖康元年（1126）正月乙亥，“李棁與蕭三寶奴、耶律忠王來索金帛數千萬，且求割太原、中山、河間三鎮，並宰相、親王爲質，乃退師”。

[7]三鎮：指太原、中山、河間三鎮。

[8]戊寅：《宋史》卷二三《欽宗紀》，靖康元年正月庚辰，“命張邦昌副康王構使金軍”，繫日與此不同。《三朝北盟會編》卷三〇亦作庚辰。

[9]康王：宋封爵名。宋高宗趙構（1107—1187）即位前受封爲康王。　少宰：宋官名。爲宰相，舊名尚書右僕射，政和二年（1112）改爲少宰，兼中書侍郎。靖康元年復爲右僕射。　張邦昌：本書卷七七與《宋史》卷四七五有傳。

[10]沈晦：《宋史》卷三七八有傳。《三朝北盟會編》卷三三、《建炎以來繫年要録》卷一、《宋史》卷二三《欽宗紀》皆將割三鎮繫於姚平仲襲金軍之後，爲二月事。據《三朝北盟會編》，“辛巳”應爲“戊戌”。

[11]姚平仲：宋將。姚古之子，字希晏。世爲西陲大將，十八歲即與西夏人作戰。後亡命至青城山，又入大面山。至乾淳間始出至丈人觀道院。事見於本書卷三、六〇、六八、七四、七九。　四十萬：《建炎以來繫年要録》卷一：“京畿等路宣撫司都統制隴干姚平仲夜以西兵萬人襲虜寨，不克，亡去。”《三朝北盟會編》卷三三引《中興遺史》：“平仲、可勝等以兵七千出城。”所記姚平仲軍數皆與此不同。

[12]夏使賀天清節：《宋史》卷四八六《夏國傳》云：“夏人請和，金人執其使。”本表漏載。

[13]高伯淑：本書僅見於卷三、六〇、一三五。《高麗史》卷一五《仁宗世家》記其官職爲同僉書樞密院事。　烏至忠：本書僅見於卷三、六〇。《高麗史》卷一五《仁宗世家》記其官職爲鴻臚卿。

[14]十月丁未，高麗賀天清節：《高麗史》卷一五《仁宗世家》

不載遣使賀天清節。

[15]遣高隨等爲賜高麗生日使：是年韓昉使高麗，見本書卷一二五《韓昉傳》，本表漏載。

[16]己亥，復進兵圍汴：據《宋史》卷二三《欽宗紀》，靖康元年（1126）二月姚平仲襲營後，“金人復來議和。庚子，命駙馬都尉曹晟使金軍”。當繫於此，本表漏載。

[17]資政殿學士：宋官名。爲宋諸殿閣學士之一，始設於景德二年（1005），班在翰林學士之下。出入侍從，備顧問。無具體執掌。　宇文虛中：《宋史》卷三七一有傳。

[18]非出宋主意：按《三朝北盟會編》卷三三引《中興遺史》：“上問兵期，師道請過春分節，上以爲緩，乃密遣平仲及楊可勝等取二月丁酉出兵劫牟駝岡大寨。可勝奏曰：‘此行决危免，又恐失國家遣親王宰相和議之信，臣欲做奏檢藏懷中，具言臣不候聖旨往擊賊。’上許之。”可見姚平仲出兵事先是得到宋主同意的，而且宋君臣早就爲兵敗金人問罪找好了藉口。據《宋史》卷二三《欽宗紀》，靖康元年二月出使的尚有知東上閤門事王俅、給事中王雲、侍衛親軍馬軍都指揮使曹晟。本表皆漏載。

[19]肅王：宋封爵名。　樞：《宋史》卷二四六有傳。《宋史》卷二三《欽宗紀》，靖康元年二月，“癸卯，命肅王樞使金軍”。

[20]遣康王構歸：《宋史》卷二三《欽宗紀》，靖康元年二月乙巳，“康王至自金軍”。

[21]滑州：治所在今河南省滑縣東。　濬州：治所在今河南省濬縣。

[22]右都監：元帥府屬官。金於天會三年（1125）設元帥府，掌征討之事，設元帥右都監一員，位在都元帥、左右副元帥、元帥左右監軍、元帥左都監之下。從三品。　耶律余篤：契丹人。亦作余覩、余覩姑。本書卷一三三有傳。

[23]蕭仲恭：契丹人。本名术里者。本書卷八二有傳。

[24]王汭：本書僅此一見。

[25]據《宋史》卷二三《欽宗紀》，靖康元年四月，“壬子，金人使賈霆、冉企弓來”。靖康元年九月“辛卯，遣給事中黄鍔由海道

使金國議和”。靖康元年（1126）十一月，“乙亥，命刑部尚書王雲副康王使斡離不軍”，“遣資政殿學士馮澥及李若水使粘罕軍”，“壬午，斡離不使楊天吉、王汭、勃堇撒離栂來。使耿南仲使斡離不軍，聶昌使粘罕軍”，本表皆漏載。

[26]丙戌：《宋史》卷二三《欽宗紀》，靖康元年十一月，“乙酉，斡離不軍至城下”，繫日與此不同。

[27]宗翰：女真人。本名粘没喝，漢語訛爲粘罕，宋人又稱宗維。國相撒改長子。本書卷七四有傳。

[28]青城：地名。據《靖康稗史》卷二《甕中人語》載，“開朱雀門，上御馬……詣青城”，則青城在汴京朱雀門外近郊。據《宋史》卷二三《徽宗紀》，是月“金人蕭慶、楊真誥來”，“金人復使劉晏來”，“命何㮚及濟王栩使金軍”。本表皆漏載。

	宋[1]	夏	高麗[5]
五年	正月庚子，宋帝復至青城。 二月丁卯，宋上皇至青城。[2]是月，降宋二帝爲庶人。 四月，執宋二帝以歸。 五月庚寅朔，宋康王構即位于歸德。 十二月丙寅，宗輔伐宋。[3]	正月辛卯朔，夏使賀正旦。 十月辛未，夏使賀天清節。[4]	正月辛卯朔，高麗使賀正旦。[6] 八月，以耶律居謹、張淮爲宣慶高麗使。[7] 十月辛未，高麗使賀天清節。[8]

[1]據《宋史》卷二三《欽宗紀》，靖康二年（1127）正月，“命濟王栩、景王杞出賀金軍。金人亦遣使入賀”。本書不載。據《宋史》卷二四《高宗紀》，建炎元年（1127）六月，“徽猷閣直學士徐秉哲假資政殿學士爲大金通問使”。十一月“壬辰，遣王倫等爲金國通問使。”本表漏載。

[2]上皇：指宋徽宗。

[3]宗輔：女真人。本名訛里朵，金太祖之子，金世宗之父。大定間追尊爲帝，改諱宗堯。本書卷一九《世紀補》有傳。

[4]夏使賀天清節：《宋史》卷四八六《夏國傳》：“是歲九月，金帥兀术回雲中，遣保静軍節度使楊天吉約侵宋，乾順許之。”《大金國志》卷五《太宗文烈皇帝》：“粘罕自草地歸至雲中，遣楊天吉約夏國同取陝西，夏人從之。”與《宋史》不同。本表漏載。

[5]高麗：《高麗史》卷一五《仁宗世家》，高麗仁宗六年（1128）正月，“壬辰，金遣蕭懷玉來賀生辰”。金使出發當在前一年的年底，當繫於此欄内。本表漏載。另，據《高麗史》卷一五《仁宗世家》，高麗仁宗五年十一月“遣石俊如金謝賀生辰”，本書卷六一《交聘表》例載高麗謝賀生辰使於十二月，對照《高麗史》知其遣使皆在十一月，可知高麗十一月所遣使臣皆於年底抵金。故當繫於此欄，本表漏載。

[6]高麗使賀正旦：《高麗史》卷一五《仁宗世家》不載遣賀正旦使。但於高麗仁宗四年（1126）十二月載，“遣衛尉卿金子鏐、刑部郎中柳德文如金謝宣諭”，高麗仁宗五年三月，“金子鏐、柳德文賫詔還自金”，則其抵金當在高麗仁宗五年（金天會五年）正、二月間。當繫於此欄，本表漏載。

[7]耶律居謹：本書僅見於卷三、六〇。《高麗史》卷一五《仁宗世家》作“耶律居瑾”，載其官職爲永州管内觀察使。施國祁《金史詳校》卷五引趙子砥《燕雲録》，“丁未九月，金人遣燕人直史館王樞奉使高麗”，與此不同。　張淮：本書僅此一見。《高麗史》卷一五《仁宗世家》載其官職爲秦州團練使。

[8]十月辛未，高麗使賀天清節：據《高麗史》卷一五《仁宗世家》，高麗仁宗五年（1127）九月己丑條，是年使金賀天清節者爲國子司業李仲。

	宋	夏	高麗[5]
六年	正月，宋康王奔揚州。[1] 七月乙巳，宋康王貶號稱臣，遣使奉表。[2] 十月，宗翰、宗輔會軍于濮。[3]	正月丙戌朔，夏使賀正旦。 十月丙寅，夏使賀天清節。[4]	正月丙戌朔，高麗使賀正旦。[6] 十月丙寅，高麗使賀天清節。[7]

[1]揚州：宋州名。治所在今江蘇省揚州市。

[2]遣使奉表：據《宋史》卷二四《高宗紀一》，建炎二年（1128）二月"遣王貺等充金國軍前通問使"，三月，"遣楊應誠爲大金高麗國信使"，此不詳何指。按《宋史》卷二四《高宗紀一》，建炎二年十一月，"以魏行可充金國軍前通問使"。本表漏載。

[3]濮：州名。治所在今山東省鄄城縣北。

[4]十月丙寅，夏使賀天清節：《西夏紀》卷二三引《中興小紀》："金遣使來求天德八館之地。"當繫於此，本表漏載。

[5]據《高麗史》卷一五《仁宗世家》，高麗仁宗六年（1128）十月"癸亥，遣吏部尚書崔濡、衛尉少卿宋覲如金謝宣慶並進方物"。高麗仁宗六年十二月，"壬申，金遣錦州管内觀察使司古德、衛尉少卿韓昉等來"。又，高麗仁宗七年正月，"丙戌，金遣寧州管

内觀察使楊公孝來賀生辰”。金使出發當在前一年的年底，故當繫於此欄内。高麗仁宗六年（1128）十一月“遣工部員外郎俞元胥如金謝賀生辰”，抵金當在金天會六年（1128）年底，也當繫於此欄。本表皆漏載。

[6]高麗使賀正旦：據《高麗史》卷一五《仁宗世家》，高麗仁宗五年十一月條，是年使金賀正旦者爲李瑱。

[7]高麗使賀天清節：據《高麗史》卷一五《仁宗世家》，高麗仁宗六年九月丁亥條，是年使金賀天清節者爲李愈。

	宋[1]	夏	高麗[11]
七年	十月己亥，[2]宋壽春安撫使馬世元以城降。[3]十一月壬戌，宗弼渡江。[4] 丁卯，[5]宋知江寧府陳邦光以城降。[6] 十二月丁亥，[7]宗弼克杭州。[8]阿里、蒲盧渾追宋康王于明州，[9]宋康王入于海。	正月庚辰朔，[10]夏使賀正旦。十月庚寅，夏使賀天清節。	正月庚辰朔，高麗使賀正旦。[12] 十月庚寅，高麗使賀天清節。[13]

[1]據《宋史》卷二四《高宗紀一》，建炎三年（1129）正月，“趣大金通問使李鄴、周望、宋彦通、吴德休等往軍前”，七月“丁酉，遣崔縱使金軍前”，八月“丁卯，遣杜時亮使金軍前”，九月“丙辰，遣張邵等充金國軍前通問使”，本表不載。

[2]己亥：《宋史》卷二五《高宗紀》，建炎三年十月戊戌，“金人陷壽春府”，與《建炎以來繫年要録》卷二八同。“己亥”原本作“丁酉”，此據中華點校本改。

[3]壽春安撫使：宋官名。安撫使，初爲諸路灾傷及用兵的特遣專使，後漸成爲各路負責軍務治安的長官，以知州、知府兼任，並兼馬步軍都總管、兵馬鈐轄等。壽春，宋府名。治所在今安徽省壽州市。　馬世元：本書僅見於卷三、六〇、七七。

[4]宗弼：女真人。本名兀术，金太祖之子。本書卷七七有傳。

[5]丁卯：《宋史》卷二五《高宗紀二》，建炎三年十一月，“辛未，兀术入建康府，守臣陳邦光、户部尚書李棁迎拜”，與《建炎以來繫年要録》卷二八同。此處繫日有誤。

[6]知江寧府：宋官名。帶京朝官銜或試銜者主持府事時稱知府事，簡稱知府。江寧，宋府名，治所在今江蘇省南京市。　陳邦光：事見於本書卷三、六〇、七七、八〇。

[7]丁亥：《建炎以來繫年要録》卷三〇建炎三年十二月乙丑，“金人陷臨安府”，《宋史》卷八八《地理志四》，臨安府本杭州，“建炎三年升爲府”，則此事當繫於乙丑日，此下應稱臨安府。

[8]杭州：宋州名。治所在今浙江省杭州市。

[9]阿里：女真人。即斜卯阿里。本書卷八〇有傳。　蒲盧渾：女真人。即烏延蒲盧渾，一作烏延蒲魯渾。本書卷八〇有傳。　明州：宋州名。治所在今浙江省寧波市。

[10]庚辰：原本作“庚寅”，據中華點校本改。右高麗欄同。

[11]《高麗史》卷一六《仁宗世家》，高麗仁宗八年（1130）正月，“庚戌，金遣劉汴來賀生辰”。金使出發當在前一年的年底，故當繫於此欄内。本表漏載。

[12]高麗使賀正旦：據《高麗史》卷一五《仁宗世家》，高麗仁宗六年（1128）十一月條，是年使金賀正旦者爲閤門通事金澤。

[13]高麗使賀天清節：據《高麗史》卷一六《仁宗世家》，高麗仁宗七年閏八月己卯條，是年使金賀天清節者爲兵部郎中崔灌。

	宋	夏[1]	高麗[2]
八年		正月甲辰朔，夏使賀正旦。 十月甲申，夏使賀天清節。	正月甲辰朔，高麗使賀正旦。[3] 十月甲申，高麗使賀天清節。[4]

[1]《西夏紀》卷二三引《西夏事略》稱“金遣使來索故遼耶律大石”。《西夏書事》繫此事於次年，即金天會九年（1131）四月。本表漏載。

[2]《高麗史》卷一六《仁宗世家》，高麗仁宗七年（1129）十一月，“丙辰，遣盧令琚、洪若伊如金進誓表”。出發在賀正旦使之後，抵金當在次年正月，故當繫於此欄，本表漏載。考之高麗仁宗八年三月己未條，“盧令琚等還自金。詔曰：‘省所上稱謝進奉銀器、茶、布等物并付進誓表事，具悉。’”則此番奉使任務有二，一是謝賀生辰並進奉禮物，二是進誓表。高麗仁宗七年十一月條漏載其中之一。據《高麗史》卷一六《仁宗世家》，高麗仁宗九年正月，“乙已，金遣李鉅烈來賀生辰”。金使出發當在前一年的年底，故當繫於此欄內。又，高麗仁宗八年十一月“甲辰，遣閤門副使李許如金謝賀生辰”。至金當是同年十二月，故當繫於此，本表漏載。

[3]高麗使賀正旦：據《高麗史》卷一六《仁宗世家》，高麗仁

宗七年十一月條，是年使金賀正旦者爲胡仁穎。

［4］高麗使賀天清節：《高麗史》卷一六《仁宗世家》不載是年遣使賀天清節之事。

	宋	夏	高麗[1]
九年		正月己亥朔，夏使賀正旦。 十月戊寅，夏使賀天清節。	正月己亥朔，高麗使賀正旦。[2] 二月乙亥，高麗使上表，乞免索保州亡入邊户事。[3] 十月戊寅，高麗使賀天清節。[4]

［1］據《高麗史》卷一六《仁宗世家》，高麗仁宗九年（1131）八月“辛卯，遣持禮使閤門祇候庾偆如金東京”。九月“壬戌，庾偆以金主幸東京，不達而還”。當是因其中途返回，故本表不載。據《高麗史》卷一六《仁宗世家》，高麗仁宗十年正月，“己亥，金遣永州觀察使高成山來賀生辰”。金使出發當在前一年的年底，故當繫於此欄内。高麗仁宗九年十一月“己亥，遣禮部郎中高唐愈如金謝賀生辰”，抵金當在是年十二月，也當繫於此欄，本表漏載。

［2］高麗使賀正旦：據《高麗史》卷一六《仁宗世家》，高麗仁宗八年十一月條，是年使金賀正旦者爲殿中内給事崔允淑。

［3］高麗使上表，乞免索保州亡入邊户事：據《高麗史》卷一六

《仁宗世家》，高麗仁宗八年（1130）“十二月乙酉，遣左司郎中金端如金請免追索保州投入人口”。使臣爲金端。

[4]高麗使賀天清節：據《高麗史》卷一六《仁宗世家》，高麗仁宗九年八月癸巳條，是年使金賀天清節者爲兵部郎中王洙。

	宋[1]	夏[2]	高麗[4]
十年		正月癸巳朔，夏使賀正旦。[3] 十月壬寅，夏使賀天清節。	正月癸巳朔，高麗使賀正旦。[5] 十月壬寅，高麗使賀天清節。
十一年		正月丁巳朔，夏使賀正旦。 十月丙申，夏使賀天清節。	正月丁巳朔，高麗使賀正旦。 十月丙申，高麗使賀天清節。[6]
十二年		正月辛亥朔，夏使賀正旦。 十月庚寅，夏使賀天清節。	正月辛亥朔，高麗使賀正旦。[7] 十月庚寅，高麗使賀天清節。[8]

［1］據《宋史》卷二七《高宗紀四》，紹興二年（1132）九月“壬戌，王倫自金國使還，入見。遣潘致堯等爲金國軍前通問使”。本表不載。據《宋史》卷二七《高宗紀四》，紹興三年（金天會十一年）五月“丁卯，以韓肖胄等充金國軍前通問使”。紹興三年十二月“己酉，金國元帥府遣李永壽、王翊來見”。本表皆漏載。據《宋史》卷二七《高宗紀四》，紹興四年正月，“遣章誼等爲金國通問使”，七月“辛未，章誼、孫近使還入見”，知其副使爲孫近。另，是年八月“乙未，遣魏良臣等充金國通問使”。本表皆漏載。

［2］《西夏書事》卷三四：“夏正德八年（1134）春正月，使賀金正旦。乾順命使人奏告，請於陝西互市，金主不許。”《西夏紀》卷二三引《揮麈後録》：“金遣使索馬，却之。”本表皆漏載。

［3］夏使賀正旦：據《高麗史》卷一六《仁宗世家》，高麗仁宗九年（1131）十一月條，是年使金賀正旦者爲尚衣奉御李仲衍。

［4］據《高麗史》卷一六《仁宗世家》，高麗仁宗九年“十二月辛未，復遣持禮使庾價如金東京”。抵金當在天會十年初，故當繫於此欄。高麗仁宗十年三月，“己未，金東京持禮使烏顔貞來”。當繫於此。本表皆漏載。高麗仁宗十一年正月，“癸亥，金遣高陳可來賀生辰。”金使出發當在前一年的年底，故當繫於此欄内。本表皆漏載。據《高麗史》卷一六《仁宗世家》，高麗仁宗十一年十一月“遣郎中金永錫如金謝賀生辰”，抵金當在是年十二月。高麗仁宗十二年正月，“丁巳，金遣諫議大夫張浩來賀生辰”，金使出發當在前一年的年底，本表皆漏載。高麗仁宗十三年正月，“金遣桂州管内觀察使高春等來賀生辰”。金使出發當在前一年的年底。高麗仁宗十二年十一月“遣員外郎金永寬如金謝賀生辰”，抵金當在是年十二月。本表皆漏載。

［5］高麗使賀正旦：《高麗史》卷一六《仁宗世家》高麗仁宗十年不載遣使賀天清節事。

［6］高麗使賀天清節：據《高麗史》卷一六《仁宗世家》，高麗仁宗十一年九月甲寅條，是年使金賀天清節者爲禮賓少卿鄭澤。《高

麗史》卷一六《仁宗世家》，高麗仁宗十一年十月，“丁未，金東京回謝使殿中侍御史高安元來”。當繫於此。

[7]高麗使賀正旦：《高麗史》卷一六《仁宗世家》，高麗仁宗十一年十一月條，是年使金賀正旦者爲慎和之。

[8]高麗使賀天清節：據《高麗史》卷一六《仁宗世家》，高麗仁宗十二年八月丙午條，是年使金賀天清節者爲借禮部侍郎朴景山。

	宋[1]	夏	高麗[3]
熙宗天會十三年		正月，遣使如夏報哀。[2]	正月，遣使如高麗報哀。[4] 三月己卯，高麗使祭奠弔慰。[5] 四月戊午，高麗使賀登寶位。[6]

[1]據《宋史》卷二八《高宗紀五》，紹興五年（1135，金天會十三年）五月“遣何鮮等奉使金國”，本表漏載。

[2]正月，遣使如夏報哀：本書卷四《熙宗紀》，天會十三年（1135）正月“癸酉，遣使告哀于齊、高麗、夏及報即位”，則此處報哀下當加“及報即位”四字。右欄高麗條同。按，《西夏書事》卷三四載是年金“太宗薨，熙宗立，乾順遣使吊並賀”。本書卷四《熙宗紀》於是年僅記“齊、高麗使來吊祭”，未載夏。

[3]據《高麗史》卷一六《仁宗世家》，高麗仁宗十二年（1134）十一月條，是年使金賀正旦者爲户部員外郎李軾。高麗仁宗

十四年正月，“乙亥，金遣泰州管内觀察使蕭綬來賀生辰”。金使出發當在前一年的年底，故當繫於此欄内。本表皆漏載。

[4]正月，遣使如高麗報哀：據《高麗史》卷一六《仁宗世家》，金報哀使爲“檢校右散騎常侍王政”。

[5]高麗使祭奠弔慰：據《高麗史》卷一六《仁宗世家》，高麗弔喪使爲“少卿余端、侍御史李時敏”。

[6]高麗使賀登寶位：據《高麗史》卷一六《仁宗世家》，高麗賀登位使爲“户部尚書金仁揆、禮部郎中王昌胤”。

	宋	夏[1]	高麗[3]
十四年		正月己巳朔，夏使賀正旦。乙酉，夏使賀萬壽節。[2]	正月己巳朔，高麗使賀正旦。[4]乙酉，高麗使賀萬壽節。[5] 十月甲寅，以乾文閣待制吴激爲賜高麗生日使。[6]

[1]《西夏書事》卷三四載是年“夏六月，金人以主名來報”。本表漏載。

[2]萬壽節：金熙宗生日。金熙宗本生於七月初七，因與其父忌日同，故於天會十四年（1136）起，定每年正月十七爲萬壽節，受諸國朝賀。

[3]《高麗史》卷一六《仁宗世家》，高麗仁宗十四年（1136）

二月“丙辰，金遣使來告太皇太后喪”，據本書卷四《熙宗紀》，太皇太后紇石烈氏崩於天會十四年（1136，高麗仁宗十四年）正月，遣使報喪當在是年正月。當繫於此，本書漏載。據《高麗史》卷一六《仁宗世家》，高麗仁宗十四年“十月乙未朔，遣大府少卿申至冲如金謝賀生辰”。抵金約在是年十二月，故當繫於此。

[4]高麗使賀正旦：據《高麗史》卷一六《仁宗世家》，高麗仁宗十三年十一月條，是年使金賀正旦者爲員外郎郭東珣。

[5]高麗使賀萬壽節：據《高麗史》卷一六《仁宗世家》，高麗仁宗十三年十一月條，是年使金賀萬壽節者爲郎中文西元。

[6]乾文閣待制：按《遼史》卷四七《百官志》，遼有乾文閣大學士。此乾文閣待制也應是遼官名。又，《宋史》卷一六二《職官志二》，待制位於學士、直學士之下。遼設殿閣學士即爲仿宋制。此官應是金初効遼、宋而設，後則無。《高麗史》卷一六《仁宗世家》稱其官爲中書舍人。　吴激：本書卷一二五有傳。

	宋[1]	夏[2]	高麗[3]
十五年		正月癸亥朔，夏使賀正旦。己卯，夏使賀萬壽節。	正月癸亥朔，高麗使賀正旦。[4]己卯，高麗使賀萬壽節。[5]

[1]據《宋史》卷二八《高宗紀五》，紹興七年（1137）二月“庚子，遣王倫等使金國迎奉梓宫”，本表漏載。

[2]《西夏書事》卷三四載是年九月“遣使乞地于金，金與以河外三州地”。此説見於本書卷七八《劉筈傳》，本表漏載。

[3]高麗仁宗十六年（1138）正月“甲午，金遣永州管内觀察使

杜誼來賀生辰”。金使出發當在前一年的年底，故當繫於此，本表漏載。高麗仁宗十五年十一月“癸己，遣兵部員外郎柳昴如金謝賀生辰”，抵金當在是年十二月，故當繫於此欄，本表漏載。

[4]高麗使賀正旦：據《高麗史》卷一六《仁宗世家》，高麗仁宗十四年（1136）十一月條，是年使金賀正旦者爲少卿李有開。

[5]高麗使賀萬壽節：據《高麗史》卷一六《仁宗世家》，高麗仁宗十四年十一月條，是年使金賀萬壽節者爲禮部侍郎李仁實。

	宋[2]	夏	高麗[4]
天眷元年[1]	八月，以河南地賜宋。右司侍郎張通古等詔諭江南。[3]	正月戊子朔，夏使賀正旦。甲辰，夏使賀萬壽節。	正月戊子朔，高麗使賀正旦。[5]甲辰，高麗使賀萬壽節。[6] 十二月甲戌，高麗使入貢。

[1]天眷：金熙宗年號（1138—1140）。

[2]據《宋史》卷二八《高宗紀五》，紹興七年（1137）十二月“丁亥，復遣王倫等奉迎梓宫”，抵金當在次年年初。紹興八年五月“丁未，金國使烏陵思謀、石慶充與王倫等偕來”，“七月乙酉朔，復命王倫及藍公佐奉迎梓宫”，本表皆漏載。

[3]右司侍郎：本書《百官志》無右司侍郎，據《宋史》卷三七一《王倫傳》，此時張通古官職當爲左司郎中。左司郎中爲尚書省左司負責人，掌本司奏事，總察吏、户、禮三部受事付事，兼修起居注，正五品。　張通古：本書卷八三有傳。據《宋史》卷二九《高

宗紀六》，其副使爲蕭哲。　江南：指南宋。

［4］《高麗史》卷一六《仁宗世家》，高麗仁宗十六年（1138）“二月癸亥，遣持禮使閤門祇候崔沔如金東京”。卷一七《仁宗世家》，高麗仁宗十七年正月“金遣高州管内觀察使耶律寧來賀生辰”。金使出發當在前一年的年底，故當繫於此。卷一六《仁宗世家》，高麗仁宗十六年“十一月乙酉，金東京知禮賓司事夏睦來報聘”。高麗仁宗十六年十一月“己丑，遣刑部員外郎金臣璉如金謝賀生辰”。抵金當在是年十二月，故當繫於此欄，本表皆漏載。

［5］高麗使賀正旦：據《高麗史》卷一六《仁宗世家》，高麗仁宗十五年十一月條，是年使金賀正旦者爲工部員外郎魯洙。

［6］高麗使賀萬壽節：據《高麗史》卷一六《仁宗世家》，高麗仁宗十五年十一月條，是年使金賀萬壽節者爲禮部郎中李亮。

	宋	夏	高麗[7]
二年	四月己卯，宋遣其端明殿大學士韓肖胄等奉表，[1]謝賜河南地。 九月壬寅，[2]宋端明殿學士王倫、保信軍節度使藍公佐奉表乞歸父喪。[3]	正月壬午朔，夏使賀正旦。戊戌，夏使賀萬壽節。 十月癸酉，[4]夏國王李乾順薨，[5]子仁孝嗣位，[6]遣使來告喪。	正月壬午朔，高麗使賀正旦。戊戌，高麗使賀萬壽節。[8]

［1］端明殿大學士：宋官名。爲宋諸殿閣學士之一，班在翰林學

士之下，出入侍從，備顧問，無具體執掌。《宋史·職官志二》有端明殿學士，無大學士之稱。《宋史》卷二九《高宗紀六》、《宋史》卷三七九《韓肖胄傳》、《建炎以來繫年要録》卷一二四皆稱其爲端明殿學士。此衍“大”字。　韓肖胄：《宋史》卷三七九有傳。

［2］九月壬寅：據《宋史》卷二九《高宗紀六》，是年（1139）王倫兩次使金，都是以藍公佐爲副使。一次是在正月，“以王倫同簽書樞密院事，充奉護梓宫迎請皇太后交割地界使”，並任王倫爲東京留守。三月“丙申，王倫受地于金”。與《建炎以來繫年要録》卷一二七同。另一次於六月出發（《宋史》卷三七一《王倫傳》作五月），“赴金國議事”，七月被金人拘於中山，十月“見金主于御林子”（《宋史》卷三七一《王倫傳》作御子林），“遣其副藍公佐先歸”。此繫於九月，當是指其第二次出使。據《宋史》卷三七一《王倫傳》：“倫曰：‘比蕭哲以國書來，許歸梓宫、太母及河南地，天下皆知。’”則王倫此行目的爲迎請梓宫與皇太后。其正月命使時任務有三，三月之行已完成割地的使命，五月，兀术也已北歸，故此次王倫繼續進行他的另兩件使命，爲一次出使分兩次進行，因而本書將其併爲一次記載，衹是繫月錯誤。

［3］王倫：《宋史》卷三七一有傳。《宋史》卷三七一《王倫傳》與本書卷七九《王倫傳》載王倫出使時官爲端明殿學士、簽書樞密院事，《宋史》卷二九《高宗紀六》與《建炎以來繫年要録》卷一二五則稱其爲端明殿學士、同簽書樞密院事。　保信軍節度使：宋官名。宋承唐制設節度使，但削奪其實權，使之成爲武官高級虚銜，不駐本州，恩數同執政，用以寄禄，俸禄高於宰相，并給儀仗，稱爲旌節。保信軍設在廬州，治所在今安徽省合肥市。《建炎以來繫年要録》卷一二五記，“榮州防禦使、知閤門事藍公佐爲宣州觀察使”，官職與此異。　藍公佐：本書僅見於卷六〇、七九。

［4］十月：《宋史》卷二九《高宗紀六》繫於是年六月，《西夏書事》卷三五繫於是年九月。

［5］李乾順：即西夏崇宗，1087 年至 1139 年在位。

［6］仁孝：即西夏仁宗，1140 年至 1193 年在位。

［7］《高麗史》卷一七《仁宗世家》，高麗仁宗十八年（1140）正月“癸未，金遣泰州管内觀察使完顔昜來賀生辰”。金使出發當在前一年的年底，當繫於此欄，本表漏載。

［8］高麗使賀萬壽節：據《高麗史》卷一六《仁宗世家》，高麗仁宗十六年十一月條，是年使金賀萬壽節者爲考功員外郎劉邦遇。

	宋	夏	高麗[6]
三年	四月癸亥，宋禮部尚書莫將等來迎護梓宮。[1] 五月己卯，詔復取河南、陝西。[2] 十二月乙亥，[3]復伐宋淮南。[4]	正月丁丑朔，夏使賀正旦。癸巳，夏使賀萬壽節。 九月，夏使謝賻贈，復謝封册。[5]	正月丁丑朔，高麗使賀正旦。[7]癸巳，高麗使賀萬壽節。[8]

［1］禮部尚書：宋官名。掌禮樂、祭祀、朝會、宴享、學校、貢舉等事。《建炎以來繫年要録》卷一三四：“尚書工部侍郎兼直學士院兼侍講李誼爲工部尚書，假資政殿學士，充迎護梓宫奉迎兩宫使，集英殿修撰、京畿都轉運使莫將爲徽猷閣待制副之。誼不受命，力

辭。……誼免官，以將試工部侍郎，充迎護使，濟州防禦使、知閤門事韓恕爲宣州觀察使副之。”則莫將出使時官職應爲工部侍郎。　莫將：宋寧州人，字少虛。紹興中以學問受知。歷官禮部尚書兼侍讀學士。卒贈端明殿學士。

［2］陝西：指陝西五路，環慶路、鄜延路、秦鳳路、熙河路、麟府路。

［3］十二月：《宋史》卷二九《高宗紀六》，是年（1140）八月，“遣蘇符等使金賀正旦”，十二月，“兀术留蘇符等於東京，謀復取河南”。故本表不載。

［4］淮南：指宋淮南東、西路。

［5］九月，夏使謝賻贈，復謝封册：《西夏書事》卷三五載是年五月，“金主遣尚輦局使完顔衷賚封册至，命仁孝爲夏國王，加開府儀同三司、上柱國”。本書卷一三四《夏國傳》繫於天眷二年（1139），誤。《西夏紀》卷二四引《西夏事略》稱是年五月，“金使來賻贈”。本表不載。據《西夏書事》卷三五，夏人“獻馬駝各二百匹”。

［6］《高麗史》卷一七《仁宗世家》，高麗仁宗十八年（1140）“五月丙子，金東京知禮賓司事王杲來報聘”，高麗仁宗十九年正月“丙午，金遣同知宣徽院事趙興商來賀生辰”，正月“己巳，金報皇帝受尊號改元皇統”，金使出發皆當在前一年的年底，當繫於此欄。高麗仁宗十八年十月“庚子，遣刑部員外郎朴純冲如金謝賀生辰”，抵金當在是年年底。本表皆漏載。

［7］高麗使賀正旦：據《高麗史》卷一七《仁宗世家》，高麗仁宗十七年十一月條，是年使金賀正旦者爲尚衣奉御崔時允。

［8］高麗使賀萬壽節：據《高麗史》卷一七《仁宗世家》，高麗仁宗十七年十一月條，是年使金賀萬壽節者爲户部員外郎王正彪。

	宋	夏	高麗
皇統元年[1]	二月，[2]宗弼克廬州。[3] 九月，宗弼渡淮，[4]宋乞罷兵，[5]宗弼以便宜與宋畫淮爲界。[6]	正月辛丑朔，夏使賀正旦。壬寅，夏使請上尊號。[7]丁巳，夏使賀萬壽節。[8]	正月辛丑朔，高麗使賀正旦。[9]壬寅，高麗使請上尊號。[10]丁巳，高麗使賀萬壽節。[11] 十一月己酉，高麗使賀尊號。[12]

[1]皇統：金熙宗年號（1141—1149）。

[2]二月：據《宋史》卷二九《高宗紀六》，是年（1141）正月“丙寅，兀术陷廬州”，二月己丑，宋軍“復廬州”。此誤。

[3]廬州：治所在今安徽省合肥市。

[4]宗弼渡淮：《宋史》卷二九《高宗紀六》。是年正月“庚申，金人渡淮”，三月“壬子，金人渡淮北歸”。此將宗弼渡淮事繫於九月，誤。按《宋史》卷二九《高宗紀六》，是年九月，“丙申，遣劉光遠等充金國通問使”。此處所記九月當是從下文“宋乞罷兵”而來。“宗弼渡淮”四字疑衍。本書卷四《熙宗紀》與此同，亦誤。

[5]宋乞罷兵：據《宋史》卷二九《高宗紀六》，是年九月“丙申，遣劉光遠等充金國通問使”，十月“乙亥，兀术遣劉光遠等還”，“壬午，遣魏良臣、王公亮爲金國稟議使”，十一月“辛丑，兀术遣審議使蕭毅、邢具瞻與魏良臣等偕來”，“壬子，蕭毅等入見，始定議和盟誓”。本表皆漏載。

［6］淮：河名。即今淮河。

［7］夏使請上尊號：據《西夏書事》卷三五，“使賀金正旦，請尊號”，則請上尊號的爲西夏賀正旦使，非另有使臣。

［8］夏使賀萬壽節：《西夏書事》卷三五載是年“賀金萬壽節，請置榷場”。本書卷一三四《西夏傳》：“皇統元年，請置榷場，許之。”《交聘表》漏載。《西夏紀》卷二四於是年稱“金始遣賀生日使來”，又於金天德三年（1151）“遣經武將軍修起居注蕭彭哥來賀生日”下稱，“此爲賜夏生日之始”，自相矛盾。稱此年金始遣賀生日使本於本書卷一三四《西夏傳》：“初，王阿海等以太宗誓詔賜夏國，乾順以契丹舊儀見使者，阿海不肯，曰：‘契丹與夏國甥舅也，故國王坐受，使者以禮進。今大金與夏國君臣也，見大國使者當如儀。’争數日不能决，於是始起立受焉。厥後不遣賜生日使，至是始遣使賜之。”按王阿海等不是賜生日使，此處文意不順。當爲“厥後不遣横賜使”，文意始通。故此年當爲金遣横賜使，而非賀生日使。第一位賀西夏生日的金使當是蕭彭哥。《西夏書事》卷三五載是年“七月，金使來詰。仁孝以誅慕洧故表聞于金，金主詰其專擅。仁孝報使謝之”，“十二月，賀金受尊號”。及本書卷一三四《西夏傳》：“撒離喝再定陝西，洧思歸，夏人知之，遂族洧，以表聞，詔書責讓之。”本表皆漏載。

［9］高麗使賀正旦：據《高麗史》卷一七《仁宗世家》，高麗仁宗十八年（1140）十一月條，是年使金賀正旦者爲刑部員外郎黄周瞻。

［10］高麗使請上尊號：《高麗史》卷一七《仁宗世家》，高麗仁宗十八年未載遣使請上尊號事。

［11］高麗使賀萬壽節：據《高麗史》卷一七《仁宗世家》，高麗仁宗十八年十一月條，是年使金賀萬壽節者爲禮部侍郎崔誠。

［12］高麗使賀尊號：據《高麗史》卷一七《仁宗世家》，高麗仁宗十九年使金賀上尊號者爲禮部侍郎崔適、右司諫金永若。於四月命使，“至金境，金人以妨農時，不許入，乃還”，九月“復遣權適、

金永若如金”，正使姓氏不同，所載有誤，抑或九月復遣時改換了正使。待考。據《高麗史》卷一七《仁宗世家》，高麗仁宗二十年(1142)正月“辛丑，金遣肇州防禦使烏陵錫嘏來賀生辰”，金使出發當在前一年的年底，故當繫於此，本表漏載。《高麗史》卷一七《仁宗世家》，高麗仁宗十九年“十一月乙巳，遣李之茂如金謝賀生辰”，抵金當在是年十二月。本表漏載。

	宋	夏[8]	高麗[9]
二年	二月辛卯，宋端明殿學士何鑄、容州觀察使曹勛來進誓表。[1] 三月丙辰，遣光禄大夫左宣徽使劉筈册宋康王爲宋帝，[2]以故天水郡王等三喪及宋帝母韋氏歸于宋。[3] 五月乙卯，[4]遣使賜宋誓詔。[5] 八月丁卯，詔遣宋使朱弁、張邵、洪皓等歸。[6]	正月乙未朔，夏使賀正旦。辛亥，夏使賀萬壽節。	正月乙未朔，高麗使賀正旦。[10]乙巳，詔加高麗國王王楷開府儀同三司、上柱國。[11]辛亥，高麗使賀萬壽節。[12] 十二月乙丑，高麗使謝賜封册。[13]

	宋	夏	高麗
	十二月庚午，宋使上表，謝歸三喪及母韋氏。[7]		

[1]何鑄：宋余杭人。字伯壽，政和進士。官至御史中丞。因不肯附合秦檜陷害岳飛而受到秦檜的排擠。後官至資政殿學士。《建炎以來繫年要録》卷一四二記何鑄出使時官職爲“端明殿學士簽書樞密院事”。　容州觀察使：宋官名。宋承唐制設諸州觀察使，無職掌，無定員，不駐本州，僅爲武臣之寄禄官，高於防禦使而低於承宣使。容州治所在今廣西壯族自治區容縣。　曹勛：《宋史》卷三七九有傳。

[2]光禄大夫：文散官。爲從二品上階。　左宣徽使：宣徽院屬官。掌朝會、燕享，殿庭禮儀及監知御膳。正三品。　劉筈：劉彦宗次子，本書卷七八有傳。《建炎以來繫年要録》卷一四六記其出使時官職爲銀青光禄大夫、中書侍郎。據本書卷七八《劉筈傳》，“天眷二年，改左宣徽使”，“皇統二年，充江南封册使，假中書侍郎”，知其本官爲左宣徽使，《建炎以來繫年要録》所記爲其出使時假官。銀青光禄大夫即本書卷五五《百官志一》所載正二品下階的銀青榮禄大夫。

[3]天水郡王：指宋徽宗。被金人俘虜後受封爲昏德公。金熙宗皇統元年（1141）追封其爲天水郡公。　韋氏：《宋史》卷二四三有傳。據《宋史》卷三〇《高宗紀七》，是年“夏四月甲子朔，遣孟忠厚爲迎護梓宫禮儀使，王次翁爲奉迎兩宫禮儀使。丁卯，皇太后偕梓宫發五國城。金遣完顔宗賢、劉筈護送梓宫，高居安護送皇太后”。此繫於三月，誤。

[4]五月：據《宋史》卷三〇《高宗紀七》，紹興十二年（1142）五月“乙未，遣沈昭遠等賀金主生辰”。本表漏載。

[5]賜宋誓詔：本書卷四《熙宗紀》，皇統二年三月“丙辰，遣左宣徽使劉筈以衮冕圭册册宋康王爲帝”，卷七八《劉筈傳》，“皇統二年，充江南封册使”。《宋史》卷三〇《高宗紀七》，紹興十二年九月“丙午，金使劉筈、完顔宗表等九人入見”，“藏金國誓書於内侍省”。則此次金使主要任務是册立，附賜誓詔。其中，正使爲劉筈，副使爲完顔宗表。

[6]朱弁、張邵、洪皓：《宋史》卷三七三皆有傳。

[7]宋使上表，謝歸三喪及母韋氏：據《宋史》卷三〇《高宗紀七》，是年宋兩次遣報謝使如金，一爲八月，“以万俟卨參知政事，充金國報謝使”，一爲九月，“以王次翁等充金國報謝使”。考之二人本傳，亦不知所謝何事，此不知何指。

[8]《西夏書事》載是年“十月，金使來歸侵地”。本書卷一二八《張奕傳》，“晉寧軍報夏人侵界，詔奕往征之。奕至境上，按籍各歸所侵土”，本表漏載。

[9]《高麗史》卷一七《仁宗世家》，高麗仁宗二十年（1142）二月“辛卯，遣金巨公如金東京”，十月“丁亥，遣崔褎偁如金謝賀生辰”。當繫於此。高麗仁宗二十年“十一月辛卯，金東京飛騎尉蒲察忠安來報聘”。高麗仁宗二十一年正月“乙未，金遣洺州防禦使蕭嗣貞來賀生辰”，金使出發當在前一年年底，故當繫於此。高麗仁宗二十年十一月，“遣李永章如金進方物”，抵金當在是年十二月。本表皆漏載。

[10]高麗使賀正旦：據《高麗史》卷一七《仁宗世家》，高麗仁宗十九年十一月條，是年使金賀正旦者爲朴台進。

[11]王楷：即高麗仁宗，見《高麗史》卷一五至一七。　開府儀同三司：文散官。爲從一品上階。　上柱國：金正二品勛爵稱號。《高麗史》卷一七《仁宗世家》，高麗仁宗二十年五月，“庚戌，金遣大府監完顔宗禮、翰林直學士田毂來册王”。未詳何以正月命使，五

月始至。

［12］高麗使賀萬壽節：據《高麗史》卷一七《仁宗世家》，高麗仁宗十九年（1141）十一月條，是年使金賀萬壽節者爲柳軌。

［13］高麗使謝賜封册：據《高麗史》卷一七《仁宗世家》，高麗仁宗二十年十月庚辰條，高麗謝賜封册使爲同知樞密院事崔灌、諫議大夫崔惟清。

	宋	夏	高麗[2]
三年	正月己丑朔，宋使賀正旦。[1]乙巳，宋使賀萬壽節。	正月己丑朔，夏使賀正旦。乙巳，夏使賀萬壽節。	正月己丑朔，高麗使賀正旦。[3]乙巳，高麗使賀萬壽節。[4]

［1］宋使賀正旦：據《宋史》卷三〇《高宗紀七》，紹興十二年（1142）九月，此年賀正旦使爲楊願。據《宋史》卷三〇《高宗紀七》，紹興十三年十二月，“己酉，金遣完顔曄等來賀明年正旦”。南宋紹興十三年即金皇統三年，當繫於此欄，本表漏載。

［2］《高麗史》卷一七《仁宗世家》，高麗仁宗二十二年（1144）正月“己未，金遣大府監蕭肄來賀生辰”。金使出發當在前一年年底，故當繫於此。高麗仁宗二十一年十一月“己未，遣兵部員外郎林仲如金謝賀生辰。丁卯，遣李德壽如金進方物”。皆當於是年十二月抵金，本表漏載。

［3］高麗使賀正旦：據《高麗史》卷一七《仁宗世家》，高麗仁宗二十年十一月條，是年使金賀正旦者爲李陽升。

［4］高麗使賀萬壽節：據《高麗史》卷一七《仁宗世家》，高麗仁宗二十年十一月條，是年使金賀萬壽節者爲安正修。

	宋[1]	夏	高麗[5]
四年	正月癸丑朔，[2]宋使賀正旦。[3]己巳，宋使賀萬壽節。[4]	正月癸丑朔，夏使賀正旦。己巳，夏使賀萬壽節。	正月癸丑朔，高麗使賀正旦。[6]己巳，高麗使賀萬壽節。[7]

[1]《宋史》卷三〇《高宗紀七》，紹興十四年（1144）“正月丁巳，遣羅汝楫等報謝金國”，四月“甲午，金人來求淮北人之在南者”，五月，“己巳，金始遣烏延和等來賀天申節”，十二月，“癸卯，金遣孛散温等來賀明年正旦”。本表皆漏載。

[2]癸丑：原本作“癸卯”，據中華點校本改。右夏、高麗欄同。

[3]宋使賀正旦：據《宋史》卷三〇《高宗紀七》，是年（1144）使金賀正旦者爲鄭樸。

[4]宋使賀萬壽節：據《宋史》卷三〇《高宗紀七》，是年使金賀萬壽節者爲王師心。

[5]《高麗史》卷一七《仁宗世家》，高麗仁宗二十三年（1145）正月“癸丑，金遣翰林直學士趙洞來賀生辰”。金使當於前一年年底出發，故當繫於皇統四年。高麗仁宗二十二年十一月“甲寅，遣左司郎中朴義臣如金謝賀生辰”，“十二月癸未，王聞金主幸東京，遣祕書監郭東珣往聘。丁亥，又遣少府少監金龜符進方物”，抵金皆當在是年十二月。本表皆漏載。

[6]高麗使賀正旦：據《高麗史》卷一七《仁宗世家》，高麗仁宗二十一年十一月條，是年使金賀正旦者爲尚食奉御尹彦旼。

[7]高麗使賀萬壽節：據《高麗史》卷一七《仁宗世家》，高麗仁宗二十一年十一月條，是年使金賀萬壽節者爲庾弼。

	宋[1]	夏	高麗[5]
五年	正月丁未朔，宋使賀正旦。[2]癸亥，宋使賀萬壽節。[3]	正月丁未朔，夏使賀正旦。癸亥，夏使賀萬壽節。 四月庚辰，以右衛將軍撒海、兵部郎中耶律福爲横賜夏國使。[4]	正月丁未朔，高麗使賀正旦。[6]癸亥，高麗使賀萬壽節。[7]

[1]據《宋史》卷三〇《高宗紀七》，紹興十五年（1145）五月，“甲子，金遣完顔宗尹等來賀天申節”，十二月，“丁卯，金遣蒲察説等來賀明年正旦”。當繫於此欄，本表漏載。

[2]宋使賀正旦：據《宋史》卷三〇《高宗紀七》，是年（1145）使金賀正旦者爲林保。

[3]宋使賀萬壽節：據《宋史》卷三〇《高宗紀七》，是年使金賀萬壽節者爲宋之才。

[4]右衛將軍：殿前都點檢司屬官，全稱爲殿前右衛將軍。掌宫禁及行從宿衛警嚴，總領護衛。　撒海：本書僅此一見。　兵部郎中：尚書兵部屬官。協助兵部尚書掌兵籍、軍器、城隍、鎮戍、厩牧、鋪驛、車輅、儀仗、郡邑圖志、險阻、障塞、遠方歸化等事。從五品。　耶律福：本書僅此一見。《西夏書事》卷三六，紹興十五年“自乾順與王阿海等争相見禮，金使未嘗至夏。是時，使右衛將軍撒海、兵部郎中耶律福來横賜”，“金使横賜始於此”。金横賜當始於皇統元年（1141）。《西夏書事》誤。另，依慣例，夏當遣使謝横賜，本表漏載。待考。

[5]《高麗史》卷一七《仁宗世家》，高麗仁宗二十三年(1145)三月，“遣閤門通事舍人徐恭如金東京”，六月，“金横宣使太府監完顔思海來”，十一月，“金東京承信校尉飛騎尉王好古來報聘”，高麗仁宗二十四年正月，“丁丑，金遣衛州防禦使完顔昇來賀生辰”。金使當於皇統五年出發，故當繫於此。高麗仁宗二十三年閏十一月，“壬申，遣借衛尉卿井彦深如金謝賀生辰”，“丙子，遣借户部侍郎安綽裕謝横宣”，“甲申，遣借禮賓少卿李仁威進方物”，抵金皆當在是年十二月。本表皆漏載。

[6]高麗使賀正旦：據《高麗史》卷一七《仁宗世家》，高麗仁宗二十二年十一月條，是年使金賀正旦者爲衛尉少卿高瑩夫。

[7]高麗使賀萬壽節：據《高麗史》卷一七《仁宗世家》，高麗仁宗二十二年十二月條，是年使金賀萬壽節者爲户部侍郎崔子英。

	宋[1]	夏[4]	高麗[5]
六年	正月辛未朔，宋使賀正旦。[2]丁亥，宋使賀萬壽節。[3]	正月辛未朔，夏使賀正旦。丁亥，夏使賀萬壽節。	正月辛未朔，高麗使賀正旦。[6]丁亥，高麗使賀萬壽節。[7] 五月壬申，[8]高麗國王王楷薨，子晛嗣位，[9]遣使來報喪。 六月乙丑，遣使祭弔高麗。[10]

［1］據《宋史》卷三〇《高宗紀七》，紹興十六年（1146）五月，“丁亥，金遣烏古論海等來賀天申節”，當繫於此欄。“九月甲戌，命何鑄等爲金國祈請使”，十二月，“辛酉，金遣盧彦倫等來賀明年正旦”，當繫於此欄，本表漏載。

［2］宋使賀正旦：據《宋史》卷三〇《高宗紀七》，是年（1146）使金賀正旦者爲錢周材。

［3］宋使賀萬壽節：據《宋史》卷三〇《高宗紀七》，是年使金賀萬壽節者爲嚴抑。

［4］據本書卷二六《地理志下》：“皇統六年，以德威城、西安州、定邊軍等沿邊地賜夏國，從所請也。”本表漏載。

［5］《高麗史》卷一七《毅宗世家》載，是年十月“壬寅，簽書會寧府事曹兖來命王起復”，本書漏載。另，《高麗史》卷一七《毅宗世家》載是年十一月“遣金陽晋進方物”，當於是年十二月抵金，本表漏載。

［6］高麗使賀正旦：據《高麗史》卷一七《仁宗世家》，高麗仁宗二十三年（1145）閏十一月條，是年使金賀正旦者爲借殿中少監李之正。

［7］高麗使賀萬壽節：據《高麗史》卷一七《仁宗世家》，高麗仁宗二十三年閏十一月條，是年使金賀萬壽節者爲借禮部侍郎芮樂全。

［8］五月壬申：據《高麗史》卷一七《毅宗世家》，仁宗“二十四年二月丁卯，仁宗薨”。此處所記當是高麗報喪使至金的時間。

［9］晛：原本誤作“晛”，即高麗毅宗，見《高麗史》卷一七至一九。

［10］遣使祭弔高麗：《高麗史》卷一七《毅宗世家》載是年十月“戊戌，金遣清州防禦使烏延遵禮、少府少監烏居仁來祭仁宗”，“庚子，同知中京路都轉運司事蕭謙來弔慰”。則金所派弔慰使與祭奠使爲兩批使臣，此處混爲一談，誤。

	宋[1]	夏	高麗[6]
七年	正月乙丑朔，宋使賀正旦。[2]辛巳，宋使賀萬壽節。[3]	正月乙丑朔，[4]夏使賀正旦。[5]辛巳，夏使賀萬壽節。	正月乙丑朔，高麗使賀正旦。[7]辛巳，高麗使賀萬壽節。[8] 三月戊寅，高麗使來謝弔祭。[9]

[1]《宋史》卷三〇《高宗紀七》，紹興十七年（1147）五月，“辛巳，金遣完顏卞等來賀天申節”。當繫於此欄，本表漏載。另，據《宋史》卷三〇《高宗紀七》，紹興十七年十二月，“丙辰，金遣完顏宗藩等來賀明年正旦”。當繫於此欄，本表漏載。

[2]宋使賀正旦：據《宋史》卷三〇《高宗紀七》，是年（1147）使金賀正旦者爲邊知白。

[3]宋使賀萬壽節：據《宋史》卷三〇《高宗紀七》，是年使金賀萬壽節者爲周執羔。

[4]正月：《西夏書事》卷三六載是年“仁孝盡收德威等城沿邊地，設官置守。至是，因賀正上表謝”。本表漏載。

[5]夏使賀正旦：原本脱“使”字，據中華點校本補。

[6]《高麗史》卷一七《毅宗世家》，高麗毅宗元年（1147）十一月，“丁丑，金遣完顏宗道來賀生辰”，又，“庚辰，遣王軾如金獻方物”。抵金當在是年十二月，本表皆漏載。

[7]高麗使賀正旦：據《高麗史》卷一七《毅宗世家》，是年使金賀正旦者爲趙可仁。

[8]高麗使賀萬壽節：據《高麗史》卷一七《毅宗世家》，是年

使金賀萬壽節者爲梁元俊。

[9]高麗使來謝弔祭：據《高麗史》卷一七《毅宗世家》，高麗謝弔祭使爲李陽實。

	宋[1]	夏	高麗[5]
八年	正月庚申朔，宋使賀正旦。[2]丙子，宋使賀萬壽節。[3]	正月庚申朔，[4]夏使賀正旦。丙子，夏使賀萬壽節。	正月庚申朔，高麗使賀正旦。[6]丙子，高麗使賀萬壽節。[7] 六月，高麗使謝賜封册。

[1]《宋史》卷三〇《高宗紀七》，紹興十八年（1148）五月，“丙子，金遣蕭秉温等來賀天申節”。《宋史》卷三〇《高宗紀七》，紹興十八年十二月，“庚辰，金遣召守忠等來賀明年正旦”。當繫於此欄，本表漏載。

[2]宋使賀正旦：據《宋史》卷三〇《高宗紀七》，是年（1148）使金賀正旦者爲沈該。

[3]宋使賀萬壽節：據《宋史》卷三〇《高宗紀七》，是年使金賀萬壽節者爲詹大方。

[4]庚申：《西夏書事》卷三六載是年“沿途雨雪，賀正使至已後期，乃與賀節使同入見”。據此可知，是年西夏賀正旦使於正月丙子入賀，當繫於下文丙子日後。此處與宋、高麗同列於庚申，誤。另，本書卷四《熙宗紀》，皇統八年（1148）“二月壬子，以哥魯葛波古等爲横賜高麗、夏國使”。本表漏載。

[5]《高麗史》卷一七《毅宗世家》，高麗毅宗二年（1148）五

月，“甲子，金遣完顏愼之來命王落起復”，“庚午，大理卿完顏宗安、禮部侍郎蔡松年來册王爲開府儀同三司、上柱國、高麗國王”，六月“金横宣使孛散守道來”，十月“辛丑，金遣高景山來賀生辰”。本表皆漏載。本書卷四《熙宗紀》，皇統八年（1148）“二月壬子，以哥魯葛波古等爲横賜高麗、夏國使”，而《高麗史》稱孛散守道，二者不同。《高麗史》卷一七《毅宗世家》，高麗毅宗二年十一月，“乙酉朔，遣宋公贇如金謝賀生辰。丁亥，遣李之和謝起復”，“乙未，遣許進升如金謝横宣”，“己亥，遣李軾、金永夫如金謝册封”，“癸卯，遣殿中侍御史李公升如金進方物”。抵金皆當在是年十二月，本表皆漏載。

[6]高麗使賀正旦：據《高麗史》卷一七《毅宗世家》，高麗毅宗元年十一月，是年使金賀正旦者爲裴承古。

[7]高麗使賀萬壽節：據《高麗史》卷一七《毅宗世家》，高麗毅宗元年十一月，是年使金賀萬壽節者爲朴脩。

	宋[1]	夏	高麗[4]
九年	正月甲申朔，宋使賀正旦。[2]庚子，宋使賀萬壽節。[3]	正月甲申朔，夏使賀正旦。庚子，夏使賀萬壽節。	正月甲申朔，高麗使賀正旦。[5]庚子，高麗使賀萬壽節。[6]

[1]《宋史》卷三〇《高宗紀七》，紹興十九年（1149）五月，“庚子，金遣唐括德温等來賀天申節”。當繫於此欄，本表漏載。另，《宋史》卷三〇《高宗紀七》，紹興十九年十二月，“丁丑，金遣完顏究等來賀明年正旦”。當繫於此欄，本表漏載。

[2]宋使賀正旦：據《宋史》卷三〇《高宗紀七》，是年

（1149）使金賀正旦者爲王墨卿。

［3］宋使賀萬壽節：據《宋史》卷三〇《高宗紀七》，是年使金賀萬壽節者爲陳誠之。

［4］《高麗史》卷一七《毅宗世家》，高麗毅宗三年（1149）十一月，"乙未，金遣完顔多祐來賀生辰"。本表漏載。

［5］高麗使賀正旦：據《高麗史》卷一七《毅宗世家》，高麗毅宗二年十一月，是年使金賀正旦者爲廉直諒。

［6］高麗使賀萬壽節：據《高麗史》卷一七《毅宗世家》，高麗毅宗二年十一月，是年使金賀萬壽節者爲金禮雄。

	宋	夏	高麗[3]
海陵天德元年[1]	十二月，宋賀正旦使至廣寧，[2]遣人諭以廢立之事，於中路遣還。	十二月，夏賀正旦使至廣寧，遣人諭以廢立之事，於中路遣還。	十二月，高麗賀正旦使至廣寧，[4]遣人諭以廢立之事，於中路遣還。

［1］天德：金海陵王年號（1149—1153）。

［2］廣寧：府名。治所在今遼寧省北寧市。

［3］高麗：《高麗史》卷一七《毅宗世家》，高麗毅宗三年（1149）十一月，"遣持禮使金景元如金東京。辛丑，遣許純如金進方物。丁未，遣韓靖賀萬壽節"。本表皆漏載。

［4］高麗賀正旦使至廣寧：據《高麗史》卷一七《毅宗世家》，高麗毅宗三年十一月，是年使金賀正旦者爲洪源滌。高麗使者取道廣寧轉赴金上京（黑龍江省阿城市白城）顯然過於繞遠。可能是金朝要求三國使臣首先於廣寧會齊，然後一並赴上京。或此處所載有誤。待考。

	宋[1]	夏	高麗[9]
二年	正月辛巳，以名諱告諭宋。是月，遣侍衛親軍步軍都指揮使完顏思恭、翰林直學士翟永固爲報諭宋國使。[2] 二月甲子，以兵部尚書完顏元宜、修起居注高懷貞爲賀宋生日使。[3] 三月丙戌，[4]宋參知政事余唐弼、保信軍節度使鄭藻賀即位。[5]余唐弼等回，以天水郡王玉帶歸于宋主。	正月辛巳，以名諱告諭夏。再遣使報諭夏國。[6] 七月戊戌，夏御史中丞雜辣公濟、中書舍人李崇德賀登寶位。[7]再遣開封尹蘇執義、祕書監王舉賀受尊號。[8]	正月辛巳，以名諱告諭高麗。再遣使報諭高麗。[10] 三月丙戌，高麗遣知樞密院事文公裕、殿中監朴純冲賀登寶位。[11]

［1］據《宋史》卷三〇《高宗紀七》，紹興二十年（1150）十二月，“己巳，金遣蕭頤等來賀明年正旦”。當繫於本欄，本表漏載。

［2］侍衛親軍步軍都指揮使：《建炎以來繫年要録》卷一六一作侍衛親軍馬步軍都指揮使，本書卷五《海陵紀》與此處皆脱一“馬”字。爲侍衛親軍司長官，簡稱侍衛親軍都指揮使，例由殿前都點檢兼。掌行從宿衛，關防門禁，總領護衛。正隆五年（1160）罷侍衛親軍司後，此官併入殿前都點檢司。　完顏思恭：女真人。本名撒改，一名完顏思敬。本書卷七〇有傳。　翰林直學士：翰林學士院屬

官。掌制撰詞命，凡應奉文字，銜内帶知制誥。從四品。　翟永固：本書卷八九有傳。《建炎以來繫年要録》卷一六一、《宋史》卷三〇《高宗紀七》皆載完顏思恭三月庚辰進見，《三朝北盟會編》卷二一七作“紹興二十年二月”，以上皆誤。

[3]兵部尚書：尚書兵部長官。掌兵籍、軍器、城隍、鎮戍、厩牧、鋪驛、車輅、儀仗、郡邑圖志、險阻、障塞、遠方歸化等事。正三品。　完顏元宜：契丹人。本姓耶律，因賜姓改姓完顏，本名阿列，一作移特輦。本書卷一三二有傳。　修起居注：記注院長官。負責記録皇帝言行。自貞祐三年（1215）起，例由尚書省左右司首領官兼任。　高懷貞：本書卷一二九有傳。據《宋史》卷三〇《高宗紀七》，是年（1150）“三月庚辰，金遣完顏思恭等來報即位”，五月“甲午，金就遣完顏思恭等來賀天申節”。《建炎以來繫年要録》卷一六一同。未詳是何原因完顏元宜與高懷貞未成行。

[4]丙戌：按《宋史》卷三〇《高宗紀七》，三月“丙戌，遣余堯弼等賀金主即位”，則三月丙戌非宋使抵金或進賀之日。

[5]參知政事：宋官名。簡稱參政。始設於乾德二年（964），爲副宰相，協助宰相處理政事，而後權位漸漸提高。元豐三年（1080）罷，代之以門下、中書二侍郎和尚書左、右丞。建炎三年（1129），又以門下、中書侍郎爲參知政事，罷左、右丞。　余唐弼：按《宋史》作余堯弼，金人因避世宗父宗堯諱而改。　鄭藻：本書僅此一見。據《建炎以來繫年要録》卷一六一，鄭藻官爲鎮東軍承宣使知閤門事，保信軍節度使爲其假官。

[6]再遣使報諭夏國：據本書卷五《海陵紀》，天德二年（1150）正月，“遣侍衛親軍步軍都指揮使完顏思恭等以廢立事報諭宋、高麗、夏國”。則此報諭使即爲完顏思恭。本書卷九一《完顏撒改傳》：“天德二年正月，海陵庶人遣使夏國，諭以即位事，因令伺彼之意。”則是年報諭副使當爲完顏撒改。

[7]御史中丞：夏官名。爲御史臺屬官，位僅次於御史大夫。參掌糾察官邪、肅正紀綱。　雜辣公濟：西夏著名諫臣。爲人梗直，後

因彈劾任得敬而去官致仕。　中書舍人：夏官名。中書省屬官。位在侍郎、散騎常侍、諫議大夫之下。參掌進擬庶務，宣奉命令等政事。　李崇德：西夏宗室。西夏人慶四年（1147），因國王仁孝愛其才氣而提升爲中書舍人。

［8］開封尹：夏官名。爲西夏開封府負責人，仿宋制而設，負責首都地區政務。　蘇執義：本書僅此一見。　祕書監：夏官名。祕書監長官。　王舉：西夏著名諫臣。後官至祕書監，曾彈劾去任得敬之弟殿前太尉任德聰。

［9］高麗：《高麗史》卷一七《毅宗世家》，高麗毅宗四年（1150）正月，"庚子，密進使朴純冲如金，不至而復"，十一月，"己丑，金遣耶律羅松來賀生辰"。本表漏載。《高麗史》卷一七《毅宗世家》，高麗毅宗四年十一月"丙子，遣曹晋若如金謝宣諭"，"壬辰，遣韓縝如金進方物"。皆當於是年十二月抵金，本表皆漏載。

［10］再遣使報諭高麗：據本書卷五《海陵紀》，天德二年（1150）正月，"遣侍衛親軍步軍都指揮使完顔思恭等以廢立事報諭宋、高麗、夏國"。則此報諭使即爲完顔思恭。

［11］知樞密院事：高麗官名。樞密院屬官。位在判院事、院使之下。從二品。　文公裕：歷官知御史臺事、西北面兵馬使、試右散騎常侍、寶文閣學士、試刑部尚書、禮部尚書、刑部尚書、兵部尚書。其出使時官爲試刑部尚書。　殿中監：高麗官名。　朴純冲：後官至樞密副使、判吏部事、中書侍郎、平章政事。於高麗毅宗十六年去世。

	宋[1]	夏	高麗
三年	正月癸酉朔，宋使賀正旦。	正月癸酉朔，[2]夏使賀正旦。	正月癸酉朔，高麗使賀正旦。[3]

	宋	夏	高麗[8]
	三月庚寅，以翰林學士中奉大夫劉長言、少府監耶律五哥爲賀宋生日使。[4] 六月，宋使奉表祈請山陵地，不許。[5] 十月，以右副點檢不朮魯阿海、翰林侍講學士蕭永祺爲賀宋正旦使。[6]	九月甲子，夏使上表，請不去尊號。以經武將軍修起居注蕭彭哥爲夏生日使。[7]	九月，以東京路兵馬都總管府判官蕭子敏爲高麗生日使。[9]

[1]《宋史》卷三〇《高宗紀七》，宋紹興二十年（1150）八月，“辛酉，遣陳誠之使金賀正旦，王曮賀金主生辰”。本表此處漏載賀生辰使。

[2]正月：據本書卷五《海陵紀》，金天德三年（1151）正月，“戊子，生辰，宋、高麗、夏遣使來賀”。本表漏載。

[3]高麗使賀正旦：《高麗史》卷一七《毅宗世家》，高麗毅宗四年（1150）十一月，是年使金賀正旦者爲庾祿公。

［4］翰林學士：翰林學士院屬官。掌制撰詞命，凡應奉文字，銜内帶知制誥。正三品。　中奉大夫：文散官。爲從三品下階。　劉長言：事見於本書卷五、六〇、九六、一〇五。　少府監：少府監長官。掌邦國百工營造之事。正四品。　耶律五哥：本書僅此一見。《建炎以來繫年要録》卷一六二作“金主使翰林學士崇政大夫知制誥兼太子少詹事劉長言、昭毅大將軍殿前右衛充龍翔軍都指揮使耶律夔來賀天申節”。所記官名與此不同。耶律夔當是耶律五哥漢名。

［5］宋使奉表祈請山陵地：據《宋史》卷三〇《高宗紀七》，是年使金的祈請使爲巫伋。

［6］右副點檢：殿前都點檢司屬官，全稱爲殿前右副都點檢，例兼侍衛親軍副都指揮使。掌宫掖及行從。從三品。　不术魯阿海：女真人。一作孛术魯定方，本名阿海。本書卷八六有傳。《宋史》卷三〇《高宗紀七》作兀术魯定方。《建炎以來繫年要録》卷一六二作烏珠魯定方。兀术魯與烏珠魯、不术魯、孛术魯皆爲同音異譯。　翰林侍講學士：翰林學士院屬官。掌制撰詞命，凡應奉文字，銜内帶知制誥。從三品。　蕭永祺：本書卷一二五有傳。《建炎以來繫年要録》卷一六二作“大中大夫右諫議大夫祕書少監蕭永謀”。據本書卷一二五《蕭永祺傳》，“天德初，擢左諫議大夫，遷翰林侍講學士，同修國史，再遷翰林學士”，知《建炎以來繫年要録》人名、官名皆誤。

［7］經武將軍：官名。本書《百官志》不載，或書寫有誤，或爲海陵所置，當爲武散官。　蕭彭哥：本書僅見於卷五、六〇。

［8］《高麗史》卷一七《毅宗世家》，高麗毅宗五年（1151）六月“壬午，金横賜使少府少監蕭忠來”，又，十一月，“己亥，遣宋環如金謝賀生辰。癸卯，遣趙端臣謝横賜”，“遣徐淳如金進方物”。皆當在是年十二月抵金，本表皆漏載。

［9］東京路兵馬都總管府判官：諸兵馬都總管府屬官。掌紀綱總府衆務，分判兵案之事。從六品。東京，京路名，治所在今遼寧省遼陽市。　蕭子敏：本書僅見於卷五、六〇。

	宋	夏	高麗[7]
四年	正月丁酉朔，宋使賀正旦。[1]壬子，宋使賀生辰。[2] 三月，刑部尚書田秀穎、東上閤門使大斌爲賀宋生日使。[3] 十月甲申，以太子詹事張用直、左司郎中温都斡帶爲賀宋正旦使。[4] 十二月辛未，以張用直卒，改遣汴京路都轉運使左瀛爲賀宋正旦使。[5]	正月丁酉朔，夏使賀正旦。壬子，夏使賀生辰。 九月，吏部郎中蕭中立爲夏生日使。[6]	正月丁酉朔，高麗使賀正旦。[8]壬子，高麗使賀生辰。[9] 九月，都水使者完顏麻潑爲高麗生日使。[10]

[1]宋使賀正旦：據《宋史》卷三〇《高宗紀七》，是年（1152）使金賀正旦者爲陳夔。

[2]宋使賀生辰：據《宋史》卷三〇《高宗紀七》，是年使金賀

生辰者爲陳相。

[3]刑部尚書：尚書刑部長官。掌律令、刑名、監户、官户、配隸、功賞、捕亡等事。正三品。　田秀穎：本書僅見於卷五、六〇。東上閤門使：宣徽院下屬機構閤門的負責人。掌贊導殿庭禮儀。定員二人，正五品。　大斌：本書僅此一見。《建炎以來繫年要録》卷一六三作“金主使宣奉大夫刑部尚書行大理卿田秀穎、安遠大將軍充客省使兼四方館副使大允來賀天申節”。官名與人名皆與此不同。

[4]太子詹事：東宫屬官。爲詹事院負責人，總統東宫内外庶務。從三品。　張用直：本書卷一〇五有傳。《宋史》卷三〇《高宗紀七》、《建炎以來繫年要録》卷一六三都稱其爲張利用。本書明言因張用直未出使而死，故改遣左瀛，卷一〇五《張用直傳》與卷五《海陵紀》同。《宋史》與《建炎以來繫年要録》却都記載是年賀正旦使爲張利用，誤。　左司郎中：尚書省左司負責人。掌本司奏事，總察吏、户、禮三部受事付事，兼修起居注。正五品。《建炎以來繫年要録》卷一六三記其官職爲“廣威將軍尚書兵部郎中兼四方館副使”。　温都斡帶：《建炎以來繫年要録》卷一六三稱温都子敬，當爲其漢名。

[5]汴京路都轉運使：汴京路轉運司長官。掌本路賦税錢穀、倉庫出納及度量之制。正三品。汴京，京路名，又稱南京路，治所在今河南省開封市。本書卷五七《百官志三》，“惟中都路置都轉運司，餘置轉運司”，本書卷五與此皆稱左瀛爲汴京路都轉運使，卷八二稱左瀛爲南京都轉運使，另外，卷一〇二見南京都轉運使李特立，卷一〇三見南京路都轉運使阿勒根彦忠，卷六〇見同知南京路都轉運司事耶律隆，皆可證汴京所設爲都轉運司，本書《百官志》誤。　左瀛：左企弓次子。本書事見於卷五、六〇、七五、八二。

[6]吏部郎中：尚書吏部屬官。協助吏部尚書掌文武選授、勛封、考課、出給制誥等事。從五品。　蕭中立：本書僅見於卷五、六〇。

[7]《高麗史》卷一七《毅宗世家》，高麗毅宗六年（1152）十一月，“遣柳公材如金謝賀生辰。庚子，遣朴彦樞賀正”，“遣李惇如

金進方物”，“乙卯，遣閔懿如金賀龍興節”。皆當在是年十二月抵金，本表皆漏載。

[8]高麗使賀正旦：據《高麗史》卷一七《毅宗世家》，高麗毅宗五年十一月，是年使金賀正旦者爲吴日就。

[9]高麗使賀生辰：據《高麗史》卷一七《毅宗世家》，高麗毅宗五年十一月，是年使金賀生辰者爲崔應清。另，據《高麗史》，金海陵生日曾被定爲龍興節，本表漏載。

[10]都水使者：官名。《百官志》不載。此外還見於本書卷七二《海里傳》，“再遷廣威將軍，除都水使者。改西北路招討都監”；《沃側傳》，“除迪列部族節度使，改迭剌部。用廉入爲都水使者，秩滿，同知燕京留守事”；卷七五《盧彦倫傳》，“天眷初，行少府監兼都水使者，充提點京城大内所，改利涉軍節度使”，可能爲從三品官。待考。　完顔麻潑：本書僅見於卷五、六〇、一三三。《高麗史》卷一七《毅宗世家》作完顔持正，麻潑當是其本名，而持正是其漢名。

	宋	夏	高麗[5]
貞元元年[1]	正月辛卯，以皇弟兖薨，[2]不視朝，命有司受宋貢獻。 四月，以右宣徽使紇石烈撒合輦、廣威將軍兵部郎中蕭簡爲賀宋生日使。[3]	正月辛卯，以皇弟兖薨，不視朝，命有司受夏貢獻。 九月丁亥朔，以翰林待制謀良虎爲夏生日使。[4]	正月辛卯，以皇弟兖薨，不視朝，命有司受高麗貢獻。 九月，以吏部郎中窊合山充高麗生日使。[6]

	宋	夏	高麗
	十一月，以户部尚書蔡松年、右司郎中婁室爲賀宋正旦使。[7]		

[1]貞元：金海陵王年號（1153—1156）。

[2]兗：女真人。本名梧桐，宗幹之子，海陵王之弟。本書卷七六有傳。

[3]右宣徽使：宣徽院屬官。掌朝會、燕享，殿庭禮儀及監知御膳。正三品。　紇石烈撒合輦：女真人。紇石烈志寧，本名撒合輦，一作撒曷輦。本書卷八七有傳。按，《大金國志》卷一七作“烏古”，《宋史》卷三一《高宗紀八》紹興二十三年（1153）五月與《建炎以來繫年要録》卷一六四皆作“大雅”。　廣威將軍：武散官。爲正五品上階。　蕭簡：本書僅此一見。《建炎以來繫年要録》卷一六四作，“中奉大夫祕書監兼右諫議大夫赫舍哩大雅、廣威將軍尚書兵部郎中兼四方館副使蕭簡”，官名與此異。

[4]謀良虎：本書僅見於卷五、六〇。

[5]《高麗史》卷一八《毅宗世家》，高麗毅宗七年（1153）六月，“金告改天德五年爲貞元元年”。本書漏載。《高麗史》卷一八《毅宗世家》，高麗毅宗七年十一月，“禮部員外郎尹鱗瞻謝賀生辰，御史雜端、李陽伸進方物，禮部員外郎朴儒賀正”。皆當於是年十二月抵金，本表皆漏載。

[6]窊合山：女真人。阿勒根彦忠本名窊産，一作窊合山。本書卷九〇有傳。《建炎以來繫年要録》卷一七八作“珠勒根彦忠”。《高麗史》卷一八《毅宗世家》記是年出使者爲阿勒根彦忠，《金史人名索引》將此窊合山與阿勒根彦忠作兩人，誤。《高麗史》記其官職爲少府監。

[7]户部尚書：尚書户部長官。掌户口、錢糧、土地的政令及貢賦出納、金幣轉通、府庫收藏等事。正三品。　蔡松年：本書卷一二五有傳。　右司郎中：尚書省右司負責人。掌本司奏事，總察兵、刑、工三部受事付事，兼修起居注。正五品。　婁室：女真人。紇石烈良弼，本名婁室。本書卷八八有傳。《建炎以來繫年要録》卷一六五作："金主使宣奉大夫尚書左丞蔡松年假户部尚書。與廣威將軍祕書少監兼行右拾遺赫舍哩師顔來賀來年正旦。"本書卷八八《紇石烈良弼傳》："天德初，累官吏部郎中，改右司郎中，借祕書少監爲宋主歲元使。"《建炎以來繫年要録》所記當是紇石烈良弼使宋時借官。據本書卷八八《紇石烈良弼傳》："納合椿年爲參知政事，薦良弼才出己右，用是爲刑部尚書，賜今名。"師顔當是婁室原來的漢名，後因賜名改名良弼。

	宋	夏	高麗
二年	正月甲寅朔，以疾不視朝，賜宋使就館燕。[1] 己巳，宋使賀生辰。[2] 四月辛卯，工部尚書耶律安禮、吏部侍郎許霖爲賀宋生日使。[3] 十月，以刑部侍郎白彦恭爲賀宋正旦使。[4]	正月甲寅朔，以疾不視朝，賜夏使就館燕。己巳，夏使賀生辰。 三月戊辰，夏使王公佐賀遷都。[5] 九月辛亥朔，夏使謝恩，且請市儒、釋書。	正月甲寅朔，以疾不視朝，賜高麗使就館燕。己巳，高麗使賀生辰。[6] 六月己亥，高麗使謝橫賜。[7] 十一月戊辰，高麗使謝賜生日。[8]

	宋	夏	高麗
	十二月丁未，宋使貢方物。	十二月丁未，夏使貢方物。	十二月丁未，高麗使貢方物。[9]

[1]賜宋使就館燕：據《宋史》卷三一《高宗紀八》，是年（1154）使金賀正旦者爲吴臬。原本脱“賜”字，據局本補。

[2]宋使賀生辰：據《宋史》卷三一《高宗紀八》，是年使金賀生辰者爲施鉅。

[3]工部尚書：尚書工部長官。掌修造營建法式、諸作工匠、屯田、山林川澤之禁、江河堤岸、道路橋梁等事。正三品。　耶律安禮：契丹人。本名納合。本書卷八三有傳。　吏部侍郎：尚書吏部屬官。協助吏部尚書掌文武選授、勛封、考課、出給制誥等事。正四品。　許霖：天眷年間，曾與蔡松年等人結黨構陷田瑴，至釀成“田瑴之獄”。海陵貞元二年（1154），曾以吏部侍郎使宋。後官至左諫議大夫、户部尚書、左宣徽使、御史大夫。大定二年（1162），金世宗將其降官，放歸田里。大定五年曾與高懷貞一起被金世宗再度起用。《建炎以來繫年要録》卷一六六作：“金主遣金吾衛上將軍工部尚書耶律安禮、正議大夫尚書吏部侍郎許霖來賀天申節。”

[4]刑部侍郎：尚書刑部屬官。協助刑部尚書掌律令、刑名、監户、官户、配隸、功賞、捕亡等事。正四品。　白彦恭：部羅火部族人。後因避諱改名彦敬，本名遥設。本書卷八四有傳。《建炎以來繫年要録》卷一六七記其官職爲“驃騎上將軍簽書樞密院事”，副使爲“中散大夫守右諫議大夫充翰林待制同知制誥胡礪”，《交聘表》漏載。據本書卷八四《白彦敬傳》，白彦敬自刑部侍郎升簽書樞密院事。本書卷一二五《胡礪傳》：“天德初，再遷侍講學士，同修國史。以母憂去官。起復爲宋國歲元副使，刑部侍郎白彦恭爲使，海陵謂礪曰：‘彦恭官在卿下，以其舊勞，故使卿副之。’”據此可知，白彦恭

出使時官職應爲刑部侍郎（正四品），胡礪官爲翰林侍講學士（從三品）。《建炎以來繫年要録》所載二人官職皆是假官，以免造成副使官職高於正使的情況。

[5]王公佐：本書共兩人名王公佐，此人僅此一見。

[6]高麗使賀生辰：據《高麗史》卷一八《毅宗世家》，高麗毅宗七年（1153）十一月條，是年使金賀生辰者爲起居舍人崔婁伯。

[7]高麗使謝橫賜：《高麗史》卷一八《毅宗世家》，高麗毅宗八年六月，"金遣大府少監梁彬來賜羊二千頭"。本表漏載。是年金橫賜使梁彬至高麗是在六月，高麗謝橫賜使不可能同在六月抵金。據《高麗史》卷一八《毅宗世家》，高麗毅宗八年十一月，遣"金仁愈謝橫賜"，至金當在貞元二年底或貞元三年初。本表繫於此處，誤。

[8]十一月戊辰，高麗使謝賜生日：《高麗史》卷一八《毅宗世家》，高麗毅宗八年十一月，"丙寅，金遣大府監李珪來賀生辰"。本書漏載。高麗毅宗八年十一月金賀生辰使至高麗，高麗遣"奉説謝賀生辰"，不可能於是年十一月抵金。本表繫於此處，誤。依慣例，高麗於十一月所遣使臣，大多於十二月抵金。此當繫於十二月。

[9]高麗使貢方物：據《高麗史》卷一八《毅宗世家》，高麗毅宗八年十一月條，此次進方物使爲金永寧。

	宋	夏	高麗[3]
三年	正月己酉朔，宋使賀正旦。[1]甲子，宋使賀生辰。[2] 三月庚午，以左司郎中李通、同知南京路	正月己酉朔，夏使賀正旦。甲子，夏使賀生辰。 五月癸亥，夏使謝恩。	正月己酉朔，高麗使賀正旦。甲子，高麗使賀生辰。

	宋	夏	高麗
	都轉運司事耶律隆爲賀宋生日使。[4] 十月己亥，翰林學士承旨耶律歸一爲賀宋正旦使。[5]		

［1］宋使賀正旦：據《宋史》卷三一《高宗紀八》，是年(1155) 使金賀生辰者爲沈虚中。

［2］宋使賀生辰：據《宋史》卷三一《高宗紀八》，是年使金賀正旦者爲張士襄。

［3］《高麗史》卷一八《毅宗世家》，高麗毅宗九年(1155)十一月，“癸巳，金遣使來賀生辰”。本書漏載。據《高麗史》卷一八《毅宗世家》，高麗毅宗九年十一月條，是年使金者尚有謝賀生辰使刑部員外郎金温中、進方物使右司諫朴得齡，皆當於本年十二月抵金，本表皆漏載。

［4］左司郎中：據本書卷一二九《李通傳》，李通“累官右司郎中，遷吏部尚書”，未載其曾爲左司郎中。　同知南京路都轉運司事：南京路都轉運司屬官。協助都轉運使掌本路賦税錢穀、倉庫出納及度量之制。從四品。南京，京路名，治所在今河南省開封市。　耶律隆：本書僅此一見。《建炎以來繫年要録》卷一六八作：“金主使正議大夫守祕書監兼右諫議大夫李通、廣威將軍充郡牧副使耶律隆來賀天申節。”官名與此不同。

［5］翰林學士承旨：翰林學士院長官。掌制撰詞命，總判院事。

凡應奉文字，銜内帶知制誥。正三品。　耶律歸一：本書僅見於卷五、六〇。《建炎以來繫年要録》卷一七〇記耶律歸一官職爲“奉國上將軍太子詹事”，與此不同。且記其副使爲“左中大夫行大理少卿馬楓”，本表漏載。

	宋[2]	夏	高麗[7]
正隆元年[1]	正月癸卯朔，宋使賀正旦。[3]戊午，宋使賀生辰。[4] 三月庚申，以左宣徽使敬嗣暉、大理卿蕭中立爲賀宋生日使。[5] 十一月己巳朔，以右司郎中梁銶、左將軍耶律湛爲賀宋正旦使。[6]	正月癸卯朔，夏使賀正旦。戊午，夏使賀生辰。	正月癸卯朔，高麗使賀正旦。[8]戊午，高麗使賀生辰。[9]

[1]正隆：金海陵王年號（1156—1161）。

[2]據《宋史》卷三一《高宗紀八》，是年（1156）四月“庚寅，遣陳誠之等賀金主尊號禮成”。本表漏載。

[3]宋使賀正旦：據《宋史》卷三一《高宗紀八》，是年使金賀

正旦者爲王岷。

［4］宋使賀生辰：據《宋史》卷三一《高宗紀八》，是年使金賀生辰者爲鄭枏。

［5］敬嗣暉：本書卷九一有傳。　大理卿：《建炎以來繫年要録》卷一七二記蕭中立此時官職爲“尚書兵部郎中”。

［6］梁銶：一作“梁球”。海陵貞元末至正隆初爲右司郎中。大定元年（1161）升爲户部尚書，大定三年因李石冒支倉粟事削官四階，降知火山軍。　左將軍：本書《百官志》無左將軍，疑是殿前都點檢司下屬的左衛將軍，脱“衛”字。疑正隆時有過，後取消。待考。　耶律湛：《建炎以來繫年要録》卷一七五作：“賀正旦使中奉大夫祕書監兼右諫議大夫梁球、副使定遠大將軍充侍衛親軍馬軍副都指揮使耶律諶入見。”

［7］《高麗史》卷一八《毅宗世家》，高麗毅宗十年（1156）閏十月，“是月，金改貞元四年爲正隆元年。避世祖諱，以豐字代隆（子）［字］行之”。則當有金使赴高麗，本表不載。《高麗史》卷一八《毅宗世家》，高麗毅宗十年十一月“乙酉，金遣定遠將軍耶律遵禮來”。本表漏載。

［8］高麗使賀正旦：據《高麗史》卷一八《毅宗世家》，高麗毅宗九年十一月條，是年使金賀正旦者爲户部郎中崔子葩。

［9］高麗使賀生辰：據《高麗史》卷一八《毅宗世家》，高麗毅宗九年十一月條，是年使金賀生辰者爲右司員外郎金純。

	宋	夏	高麗
二年	正月戊辰朔，宋使賀正旦。[1]癸未，宋使賀生辰。[2]	正月戊辰朔，夏使賀正旦。癸未，夏使賀生辰。	正月戊辰朔，高麗使賀正旦。癸未，高麗使賀生辰。

	宋	夏	高麗[7]
	六月，以禮部尚書耶律守素、刑部侍郎許竑爲賀宋生日使。[3] 十一月，侍衛親軍馬步軍副都指揮使高助不古、户部侍郎阿勒根窊産爲賀宋正旦使。[4]	四月，宿直將軍温敦斡喝爲横賜夏國使。[5] 九月乙丑，以宿直將軍僕散烏里黑爲夏生日使。[6]	三月丙寅朔，高麗使賀受尊號。 四月，以簽書宣徽院事張喆爲横賜高麗使。[8]

[1]宋使賀正旦：據《宋史》卷三一《高宗紀八》，是年（1157）使金賀正旦者爲李琳。

[2]宋使賀生辰：據《宋史》卷三一《高宗紀八》，是年使金賀生辰者爲葛立方。

[3]禮部尚書：尚書禮部長官。掌禮樂、祭祀、燕享、學校、貢舉、儀式、制度、符印、表疏、圖書、册命、祥瑞、天文、漏刻、國忌、廟諱、醫卜、釋道、四方使客、諸國進貢、犒勞張設等事。正三品。　耶律守素：本書僅見於卷五、六〇。　許竑：本書僅見於卷六〇、七六。按，宋高宗生日爲五月二十日，金使例於五月十九日入賀。自海陵遷都後，例以三月遣使，偶或在四月，而絶不可能在六月。《宋史》卷三一《高宗紀八》，紹興二十七年（1157），“五月癸未，金遣耶律守素等來賀天申節”。知此繫月錯誤。《建炎以來繫年要録》卷一七七作“中靖大夫太常少卿許竑”，人名與官名皆與此不同。

[4]侍衛親軍馬步軍副都指揮使：侍衛親軍司屬官，簡稱侍衛親軍副都指揮使。掌行從宿衛、關防門禁。例由殿前副都點檢兼。正隆五年（1160）取消侍衛親軍司以後，此官并入殿前都點檢司。　高助不古：本書僅見於卷五、六〇。《宋史》卷三一《高宗紀八》、《建炎以來繫年要録》卷一七八皆作高思廉。　户部侍郎：尚書户部屬官。協助户部尚書掌户口、錢糧、土地的政令及貢賦出納、金幣轉通、府庫收藏等事。正四品。《建炎以來繫年要録》卷一七八作"行尚書兵部郎中"。　阿勒根窊産：女真人。《建炎以來繫年要録》卷一七八作"珠勒根彦忠"。阿勒根彦忠本名窊産，也譯作窊合山。本書卷九〇有傳。

[5]宿直將軍：殿前都點檢司屬官。掌宫城諸門衛禁及行從宿衛之事，總領親軍。定員八人，從五品。　温敦斡喝：女真人。本書僅見於卷五、六〇。按，西夏當有謝横賜使，待考。

[6]僕散烏里黑：女真人。本書僅見於卷五、六〇。

[7]《高麗史》卷一八《毅宗世家》，高麗毅宗十一年（1157）十一月"己卯，金遣少府監完顔德壽來賀生辰"。本書漏載。據《高麗史》卷一八《毅宗世家》，高麗毅宗十一年十一月條，是年使金者尚有謝賀生辰使工部郎中李光縉、謝横賜使刑部員外郎朴育和、進方物使禮賓少卿崔令儀，皆當於是年十二月抵金，本表皆漏載。

[8]簽書宣徽院事：宣徽院屬官。按，本書中僅此與卷五《海陵紀》稱張喆爲簽書宣徽院事，此官他處不見。金使高麗者例爲五品官，疑此即正五品的同簽宣徽院事。　張喆：本書僅見於卷五、六〇。《高麗史》卷一八《毅宗世家》記其官職爲太府監。

	宋	夏	高麗
三年	正月壬戌朔，宋使孫道夫賀正旦。[1]丁	正月壬戌朔，夏使賀正旦。丙寅，夏奏	正月壬戌朔，高麗使賀正旦。[2]丁丑，

	宋	夏	高麗
	丑，宋使賀生辰。[3] 三月辛巳，以兵部尚書蕭恭、太府監魏子平爲賀宋生日使。[4] 十一月辛酉，以工部尚書蘇保衡、吏部侍郎阿典和實潓爲賀宋正旦使。[5]	告使還，命左宣徽使敬嗣暉諭之，云云。丁丑，夏使賀生辰。 九月庚午，以宿直將軍阿魯保爲夏生日使。[6]	高麗使賀生辰。[7] 九月丁丑，以教坊提點高存福爲高麗生日使。[8]

[1]孫道夫：《宋史》卷三八二有傳。

[2]高麗使賀正旦：據《高麗史》卷一八《毅宗世家》，高麗毅宗十一年（1157）十一月條，是年使金賀正旦者爲刑部員外郎金敦中。

[3]宋使賀生辰：據《宋史》卷三一《高宗紀八》，是年使金賀生辰者爲劉章。

[4]蕭恭：奚人。本書卷八二有傳。　太府監：官名。太府監長官。掌出納邦國財用錢穀之事。正四品。　魏子平：本書卷八九有傳。《建炎以來繫年要録》卷一七九作“金國賀生辰使驃騎上將軍殿前司副都點檢蕭恭、副使中大夫尚書工部侍郎魏子平”，官名與此異。

[5]蘇保衡：本書卷八九有傳。　阿典和實潓：此人本書僅此一見。《建炎以來繫年要録》卷一八〇作“定遠大將軍太子左衛率府率

阿克占謙”，人名、官名皆與此不同。

[6]阿魯保：本書僅見於卷五、六〇。

[7]高麗使賀生辰：據《高麗史》卷一八《毅宗世家》所載，高麗毅宗十一年（1157）十一月條，是年使金賀生辰者爲工部員外郎金嘉會。

[8]教坊提點：宣徽院下屬機構教坊的負責人。掌殿庭音樂，總判院事。正五品。　高存福：後爲東京副留守，奉海陵命暗中監視金世宗。世宗於遼陽起兵時殺之。本書事見於卷五、六、六〇、七二、八六。

	宋	夏	高麗
四年	正月丙辰朔，宋使賀正旦。[1]辛未，宋使賀生辰。[2] 四月，遣資德大夫祕書監王可道、朝散大夫左司郎中王蔚爲賀宋生日使。[3] 七月甲辰，宋使上表，謝賜戒諭。[4] 十一月甲辰，以翰林侍講	正月丙辰朔，夏使賀正旦。辛未，夏使賀生辰。 三月丙辰朔，遣兵部尚書蕭恭經畫夏國邊界。 九月，昭毅大將軍宿直將軍加古撻懶爲夏生日使。[5]	正月丙辰朔，高麗使賀正旦。辛未，高麗使賀生辰。 九月，遣宣武將軍翰林待制完顏達紀爲高麗生日使。[6]

	宋	夏	高麗
	學士施宜生、宿州防禦使耶律闢里剌爲賀宋正旦使。[7] 十二月乙卯，宋使來告其母韋氏哀。[8]乙丑，以左副點檢大懷忠、大興少尹耨盌温都謙爲宋弔祭使。[9]		

[1]宋使賀正旦：據《宋史》卷三一《高宗紀八》，是年(1159）使金賀正旦者爲沈介。

[2]宋使賀生辰：據《宋史》卷三一《高宗紀八》，是年使金賀生辰者爲黄中。

[3]資德大夫：文散官。正三品上階。　祕書監：官名。祕書監長官。從三品。《建炎以來繫年要録》卷一八二作祕書少監。　王可道：本書僅見於卷五、六〇、八三。　朝散大夫：文散官。從五品中階。　王蔚：本書卷九五有傳。《建炎以來繫年要録》卷一八二記其官職爲“定遠大將軍行太子左監門兼尚厩局副使”，與此不同。

[4]七月甲辰，宋使上表，謝賜戒諭：據《宋史》卷三一《高宗紀八》，是年“六月甲辰朔，遣王綸等爲金國奉表稱謝使”。

[5]昭毅大將軍：武散官。正四品中階。　加古撻懶：女真人。本書僅見於卷五、六〇。

[6]宣武將軍：武散官。從五品下階。《高麗史》卷一八《毅宗世家》記其官職爲安遠大將軍，爲從四品上階。　完顏達紀：女真人。本書僅見於卷五、六〇。《高麗史》卷一八《毅宗世家》作完顏德温，當是其漢名。

[7]施宜生：本書卷七九有傳。　宿州防禦使：州官名。掌防捍不虞，禦制盜賊。正五品。宿州治所在今安徽省宿州市。　耶律闢里剌：契丹人。一作耶律闢離剌，曾爲左衛將軍。事見於本書卷五、六〇、七六、七九、一二九。《建炎以來繫年要録》卷一八三作耶律翼，當是其漢名。本書卷五《海陵紀》"宿州防禦使耶律翼使宋失體"，亦可證明這一點。《金史人名索引》將之析爲二人，誤。

[8]宋使來告其母韋氏哀：據《宋史》卷三一《高宗紀八》，告哀使爲周麟之。

[9]左副點檢：殿前都點檢司屬官。全稱爲殿前左副都點檢，例兼侍衛親軍副都指揮使。掌宫掖及行從。從三品。　大懷忠：渤海人。本書僅見於卷五、六〇、六三。　大興少尹：府官名。大興即大興府，治所在今北京市。少尹爲府尹之佐，協助府尹處理本府政務。正五品。耨盌温都謙：女真人。本名乙迭。本書卷八四有傳。《建炎以來繫年要録》卷一八四作，"大金弔祭使金吾衛上將軍左宣徽使大懷忠、副使大中大夫尚書禮部侍郎努延温都謹"，人名、官名皆與此不同。

	宋	夏	高麗[1]
五年	正月庚辰朔，宋使賀正旦。乙未，宋使賀生辰。 二月壬子，宋參知政事賀	正月庚辰，夏使賀正旦。乙未，夏使賀生辰。	正月庚辰朔，高麗使賀正旦。乙未，高麗使賀生辰。

	宋	夏	高麗
	允中等爲韋后遺獻使。[2] 四月，宋使葉義問等來謝弔祭。[3] 十一月，以濟南尹僕散烏者、翰林直學士韓汝嘉爲賀宋正旦使。[4]		

［1］《高麗史》卷一八《毅宗世家》，高麗毅宗十四年（1160）“六月庚申，金遣耶律琳來”。十一月“辛卯，金遣高通來賀生辰”。本表皆漏載。

［2］賀允中：本書僅此一見。

［3］葉義問：《宋史》卷三八四有傳。此處脱官名，據《建炎以來繫年要録》卷一八四爲同知樞密院事。

［4］濟南尹：府官名。濟南即濟南府，治所在今山東省濟南市。尹即府尹，掌宣風導俗，肅清所部，總判府事。正三品。　僕散烏者：女真人。僕散忠義本名烏者。本書卷八七有傳。　韓汝嘉：本書僅見於卷六〇、八九、一二九。《建炎以來繫年要録》卷一八七作：“金國賀正旦使奉國上將軍兵部尚書僕散權、副使翰林學士忠靖大夫知制誥同修國史韓汝嘉。”官名與此不同。僕散權當是僕散烏者的漢名，與《宋史》卷三一《高宗紀八》同。

	宋	夏[10]	高麗
六年	正月甲戌朔，宋使賀正旦。[1]己丑，宋使賀生辰。[2] 四月，以簽書樞密院事高景山爲賀宋生日使。[3] 九月，以三十二總管兵伐宋。[4]甲午，發南京。[5] 十月丁未，渡淮。癸亥，次和州。[6]宋人陷德順州。[7] 十一月，上駐軍江北，遣武平總管阿鄰先渡至南岸，[8]失利。上進兵揚州。甲午，會師瓜洲渡。[9]乙未，遇弒。	正月甲戌朔，夏使賀正旦。己丑，夏使賀生辰。	正月甲戌朔，高麗使賀正旦。己丑，高麗使賀生辰。 八月，遣太常博士張崇爲高麗生日使。[11]

［1］宋使賀正旦：據《宋史》卷三一《高宗紀八》，是年（1161）使金賀正旦者爲虞允文。

［2］宋使賀生辰：據《宋史》卷三一《高宗紀八》，是年使金賀生辰者爲徐度。

［3］簽書樞密院事：樞密院屬官。參掌武備機密之事。正三品。　高景山：熙宗時官爲尚厩局使，參與弑熙宗。世宗大定初統軍在陝西一綫與宋作戰，於商州一帶獲大勝。據《宋史》卷三二《高宗紀九》與《建炎以來繫年要録》卷一九〇載其副使爲王全，本表漏載。

［4］總管：海陵南征時集天下兵分三十二路，每路設總管一名，隸於左、右領軍大都督府，負責統率本路部隊對宋兵作戰。爲臨時性軍官稱號，南征失敗後取消，故本書《百官志》不載。

［5］南京：京路名。治所在今河南省開封市。

［6］和州：治所在今安徽省和縣。

［7］德順州：治所在今寧夏回族自治區隆德縣。

［8］武平總管：海陵南征時所設三十二總管之一，爲武平軍最高指揮官。南征失敗後取消，故本書《百官志》不載。　阿鄰：女真人。本書卷七三有傳。

［9］瓜洲渡：在今江蘇省揚州市南長江邊。

［10］據本書卷五《海陵紀》，正隆六年（1161）八月，“蕭誼忠爲夏國生日使”。本表漏載。

［11］太常博士：太常寺屬官。掌檢討典禮。定員二人，正七品。　張崇：本書僅見於卷五、六〇。

金史　卷六一

表第三

交聘表中

	宋	夏	高麗
世宗大定元年[1]	十一月，宋人破陝州。[2] 十二月，元帥左監軍高忠建、德昌軍節度使張景仁以罷兵、歸正隆所侵地，[3]報諭宋國。		十一月壬午，尚書右司員外郎完顏兀古出報諭高麗。[4]

[1]大定：金世宗年號（1161—1189）。

[2]陝州：治所在今河南省三門峽市西陝縣老城。

[3]元帥左監軍：金於天會三年（1125）設元帥府，掌征討之事。設元帥左監軍一員，位在都元帥、左右副元帥之下，正三品。　高忠建：海陵時率部參加南征，中途返回遼陽，參與擁立金世宗。任元帥左監軍，使宋。後曾以元帥左監軍的身份統兵鎮壓契丹人大起義，以殘酷手段鎮壓奚人的反抗。　德昌軍節度使：州官名。爲節度州長官，掌鎮撫諸軍防刺，總判本鎮兵馬之事，兼本州管内觀察使。從三品。此時有兩德昌軍，一個設在泰州，治所在今吉林省洮南市東北雙塔鄉城四家子舊城址，一説在今黑龍江省泰來縣塔子城，金承安三年（1198）移治長春縣（今吉林省前郭爾羅斯蒙古族自治縣西北塔虎村）；另一個設在河南府，治所在今河南省洛陽市。此不詳所指。　張景仁：本書卷八四有傳。　正隆：金海陵王年號（1156—1161）。

[4]尚書右司員外郎：尚書右司屬官。掌本司奏事付事，總察兵、刑、工三部受事付事，兼帶修起居注。正六品。　完顔兀古出：女真人。事見於本書卷六、六一、七四、九二。《高麗史》卷一八《毅宗世家》作“太府監完顔興”。《高麗史》記金使官職多爲少府監或太府監，應爲假官。完顔興當是兀古出的漢名。據《高麗史》卷一八《毅宗世家》，高麗毅宗十六年（1162，即金世宗大定二年）十一月戊申，“金遣太府監完顔興來告即位”，十二月，“遣金永胤、金淳夫如金賀登極，又遣金居實謝宣諭登極”。本表誤，此事當繫於下一欄大定二年内。

	宋	夏	高麗
二年	三月，徒單合喜敗宋吴	四月，夏左金吾衛上將	十二月，高麗衛尉少卿

	宋	夏	高麗
	璘于德順州。[1] 六月，宋翰林學士洪邁、鎮東軍節度使張掄賀上，[2]書詞不依舊式，詔諭洪邁，使歸諭宋主。 七月丁酉，復取原州。[3]丙午，宋主内禪。 九月，大敗吴璘于德順州。宗尹復取汝州。[4] 十月己丑，詔左副元帥紇石烈志寧伐宋。[5] 十一月癸巳朔，右丞相僕散忠義節制	軍梁元輔、翰林學士焦景顔、押進樞密副都承旨任純忠賀登寶位。[6]再遣武功大夫賀義忠、宣德郎高慎言賀萬春節。[7] 八月癸酉，夏左金吾衛上將軍蘇執禮、匭柙使王琪、押進御史中丞趙良賀尊號。[8] 九月庚子，以尚書左司員外郎完顔正臣爲夏生日使。[9] 十二月辛未，以夏乞兵復宋侵地，遣	丁應起賀正旦。[10]

	宋	夏	高麗
	伐宋諸軍。[11]志寧移書張浚，[12]使依皇統舊式通好，[13]浚復書曰："謹遣使者至麾下議之。"[14]	尚書吏部郎中完顏達吉體究陝西利害。[15]夏武功大夫芭里昌祖、宣德郎揚彦敬等賀正旦。[16]	

［1］徒單合喜：女真人。本書卷八七有傳。　吴璘：《宋史》卷三六六有傳。　德順州：治所在今寧夏回族自治區隆德縣。

［2］翰林學士：宋官名。翰林學士院屬官。掌撰述制、誥、詔、令。　洪邁：《宋史》卷三七三有傳。　鎮東軍節度使：宋官名。宋承唐制設節度使，但削奪其實權，使之成爲武官高級虚銜，不駐本州，恩數同執政，用以寄禄，俸禄高於宰相，并給儀仗，稱爲旌節。鎮東軍設在紹興府，治所在今浙江省紹興市。　張掄：字材甫。以詞章邀寵，官至知閤門事。著有《紹興内府古器評》。

［3］原州：治所在今甘肅省鎮原縣。

［4］宗尹：女真人。一作崇尹，本名阿里罕。本書卷七三有傳。　汝州：治所在今河南省汝州市。

［5］左副元帥：金於天會三年（1125）設元帥府，掌征討之事。設左副元帥一員，位僅次於都元帥，從二品。　紇石烈志寧：女真人。本名撒曷輦。本書卷八七有傳。

［6］左金吾衛上將軍：西夏官名。　梁元輔：西夏天盛九年（1157，金正隆二年），官爲樞密都承旨。　翰林學士：西夏官名。爲翰林學士院屬官。　焦景顔：西夏天盛十三年，立翰林學士院，以焦景顔爲翰林學士，以修國史。天盛十六年，官至樞密都承旨，押進

翰林學士。爲人剛毅，守正不阿，嘗面斥任得敬之侄任純忠爲奸人。押進樞密副都承旨：西夏官名。樞密院屬官。　任純忠：任得敬之侄。後統兵三萬鎮祈安城，抵禦隴逋四族都鈐轄趙師古的進攻。任得敬伏誅後棄官遁去，隱於金之北境。金大定十一年（1171）被擒送隴逋族，趙師古殺之以祭結什角。

［7］武功大夫：西夏官名。　賀義忠：本書僅此卷兩見。　宣德郎：西夏官名。　高慎言：本書僅此一見。　萬春節：金世宗生日，各國使臣例於三月初一入賀。唯此處爲四月。據本書卷六《世宗紀》，是年“夏使朝辭，乞互市，從之”。本表漏載。

［8］蘇執禮：後官至東經略使。　匭柙使：西夏官名。《西夏紀》“柙”作“押”，誤。　王琪：本書僅此一見。　押進御史中丞：西夏官名。御史臺屬官。參掌糾察官邪，肅正綱紀。　趙良：正隆六年（1161），官爲興慶尹，充金賀生日使館伴。

［9］尚書左司員外郎：尚書左司屬官。掌本司奏事付事，總察吏、户、禮三部受事付事，兼帶修起居注。正六品。　完顔正臣：女真人。僅見於本卷及卷六。

［10］丁應起：本書僅此一見。

［11］右丞相：爲宰相，掌丞天子，平章萬機。從一品。　僕散忠義：女真人。本名烏者。本書卷八七有傳。

［12］張浚：《宋史》卷三六一有傳。

［13］皇統：金熙宗年號（1141—1149）。

［14］謹遣使者至麾下議之：據《宋史》卷三三《孝宗紀一》，紹興三十二年（1162）七月，“遣劉拱等使金告即位”。本表漏載。又，紹興三十二年十二月“辛未，劉拱、張説還自盱眙”，知副使爲張説。

［15］尚書吏部郎中：尚書吏部屬官。協助吏部尚書掌文武選授、勛封、考課、出給制誥等事。正五品。　完顔達吉：女真人。僅見於本卷及卷一三三、一三四。　陝西：指陝西五路，麟府路、環慶路、熙河路、鄜延路和秦鳳路。

[16]芭里昌祖：西夏官員。後官至殿前太尉。　揚彦敬：西夏官員。後官至翰林學士，參知政事。

	宋	夏	高麗
三年	五月，宋人破宿州。[1]是月，志寧復取宿州。宋洪遵與志寧書，[2]約爲叔姪國。志寧渡淮，[3]取盱眙、濠、廬、和、滁等州。[4]宋使胡昉以湯思退與忠義書，[5]稱姪國，不肯加世字，忠義執胡昉，詔釋之。[6]	三月壬辰朔，[7]夏武功大夫訛留元智、宣德郎程公濟賀萬春節。[8] 五月，[9]以宿直將軍阿勒根和衍爲横賜夏國使。[10] 七月甲寅，詔市馬於夏國。 九月癸巳，以宿直將軍僕散習尼列爲夏生日使。[11] 十月己巳，夏遣金吾衛上將軍蘇執禮、匭匣使李子美謝横賜。[12]	二月庚寅，[13]高麗守司空金永胤、尚書禮部侍郎金淳夫進奉使，[14]禮賓少卿許勢脩賀登寶位，[15]祕書少監金居實謝宣諭。[16] 三月壬辰朔，[17]高麗衛尉少卿李公老賀萬春節。[18] 四月己卯，以引進使韓綱爲横賜高麗使。[19] 十月丙寅，以許王府長史

	宋	夏	高麗
			移剌天佛留爲高麗生日使。[20] 十二月乙酉，高麗使殿中少監金存夫謝横賜。[21]

[1]宿州：治所在今安徽省宿州市。

[2]洪遵：《宋史》卷三七三有傳。

[3]淮：河名。即今淮河。

[4]取盱眙、濠、廬、和、滁等州：盱眙軍，治所在今江蘇省盱眙縣。濠州，治所在今安徽省鳳陽縣。廬州，治所在今安徽省合肥市。和州，治所在今安徽省和縣。滁州，治所在今安徽省滁州市。

[5]胡昉：宋大臣。事見於本書卷六、六一、八七、九三。　湯思退：《宋史》卷三七一有傳。

[6]忠義執胡昉：據《宋史》卷三三《孝宗紀一》，隆興元年（1163）“十一月己丑，盧仲賢自宿州以金都元帥僕散忠義遺三省、樞密院書來。庚子，遣王之望等爲金國通問使”。因“恐其辱國不止於仲賢”，先令胡昉、楊由義爲審議官，與敵議四郡不合，困辱而歸。事見《宋史》卷三八七《陳良翰傳》。本表漏載。

[7]三月壬辰朔：本書卷六《世宗紀上》繫此事於大定三年（1163）二月庚寅日，即二月二十九日，與此異。

[8]訛留元智：本書僅此一見。　程公濟：本書僅此一見。

[9]五月：按，本書卷六《世宗紀上》記此事在大定三年六月。

[10]宿直將軍：殿前都點檢司屬官。掌宫城諸門衛禁及行從宿

衞之事，總領護衞。定員八人，從五品。　阿勒根和衍：女真人。本書僅見於此及卷六。

［11］僕散習尼列：女真人。本書僅見於此及卷六。原本脱“列”字，中華點校本據本書《世宗紀》補，今從。

［12］金吾衛上將軍：西夏官名。　匭匣使：西夏官名。一作匭柙使。　李子美：本書僅此一見。

［13］二月庚寅：據本書卷六《世宗紀上》大定三年“正月壬辰朔，高麗、夏遣使來賀”。本表漏載。

［14］守司空：高麗官名。爲三公之一，正一品。攝守之官稱守。　金永胤：歷官國子監大司成、樞密副使、同知樞密院事、知樞密院事、吏部尚書、尚書左僕射、知門下省事、中書侍郎、平章政事。於高麗毅宗二十三年（1169）去世。本書僅此一見。　尚書禮部侍郎：高麗官名。尚書禮部屬官。參掌禮儀、祭享、朝會、交聘、學校、科舉之政。正四品。　金淳夫：本書僅此一見。　進奉使：《高麗史》卷一八《毅宗世家》，高麗毅宗十六年十二月，“遣金永胤、金淳夫如金賀登極”，則二人當稱賀登寶位使，與本書所載不同。

［15］禮賓少卿：高麗官名。禮賓寺屬官。參掌賓客燕享。從四品。　許勢脩：本書僅此一見。

［16］祕書少監：高麗官名。秘書省屬官。參掌經籍祝疏。從四品。　金居實：本書僅此一見。

［17］三月壬辰朔：本書卷六《世宗紀上》繫此事於大定三年二月庚寅日，即二月二十九日，與此異。

［18］李公老：《高麗史》卷一〇二有傳。

［19］引進使：宣徽院下屬機構引進司的負責人。掌進外方人使貢獻禮物事。正五品。　韓綱：本書僅見於卷六、六一。《高麗史》卷一八《毅宗世家》作“少府監韓鋼”，少府監當是假官，人名與此異。

［20］許王府長史：長史爲諸王府屬官。掌警嚴侍從，總統本府之事。從五品。許王，封爵名，大定格，爲大國封號第十。　移剌天

佛留：本書僅見於此及卷六。《高麗史》卷一八《毅宗世家》作“太府監耶律章”。太府監當是其假官，耶律章當是移剌天佛留漢名。

［21］殿中少監：高麗官名。待考。　金存夫：本書僅此一見。

	宋	夏	高麗
四年	十一月，徒單克寧敗宋兵于十八里口，[1]克楚州。[2]宋周葵、王之望與忠義書，[3]約世爲姪國，書仍書名再拜，不稱“大”字，并以宋書副本來上，和議始定。	正月丁亥朔，夏遣武功大夫嵬哆執信、宣德郎李師白賀正旦。[4] 三月丙戌朔，[5]夏武功大夫紐卧文忠、宣德郎陳師古賀萬春節。[6] 九月，以宿直將軍宗室烏里雅爲夏生日使。[7] 十二月，夏奏告使殿前太尉梁惟忠、翰林學士樞密都承旨焦景顔	正月丁亥朔，高麗禮賓少卿高處約賀正旦。[8] 三月丙戌朔，高麗遣祕書少監崔孝温進奉使，[9]朝散大夫衛尉少卿鄭孝偁賀萬春節。[10] 九月，以太子少詹事烏古論三合爲高麗生日使。[11] 十二月，高麗禮賓少卿金莊謝賜生日。[12]

	宋	夏	高麗
		上章奏告，[13]乞免徵索正隆末年所虜人口。	

［1］徒單克寧：女真人。本名習顯。本書卷九二有傳。《宋史》卷三四《孝宗紀二》乾道三年（1167）十二月作徒單忠衛。　十八里口：地名，又作十八里莊，在今江蘇省淮陰市附近。

［2］楚州：治所在今江蘇省淮安市。

［3］周葵：《宋史》卷三八五有傳。　王之望：《宋史》卷三七二有傳。據《宋史》卷三三《孝宗紀一》，奉使者爲王瀹。

［4］嵬㖙執信：西夏宗室。本書僅此一見。　李師白：本書僅見於卷三。《西夏書事》卷三七："師白兩使金國，盡得其民風土俗，著《奉使日記》三卷。"考之本書《交聘表》，李師白於大定四年（1164）、七年、十年共三次使金。《西夏書事》稱兩次，誤。

［5］三月丙戌朔：本書卷一三四《夏國傳》："大定四年二月甲申，夏遣其武功大夫紐卧文忠等賀萬春節。"與此異。卷六《世宗紀上》則與此同。考之《世宗紀》，大定三年（1163）夏使賀萬春節在二月二十九，大定五年在二月二十九，大定六年在二月二十八，知大定初賀萬春節使臣例於二月底入賀，而非如後世在三月初一。此處蓋誤，《夏國傳》是。

［6］紐卧文忠：本書僅見於卷六一、一三四。　陳師古：本書僅此一見。本書卷一三四《夏國傳》，夏使入見時請免索正隆以來所擄人口。本表漏載。

［7］烏里雅：本書僅見於卷六、六一。

［8］高處約：本書僅此一見。

［9］崔孝温：本書僅此一見。

［10］朝散大夫：高麗散官名。爲從五品下階。　鄭孝偁：本書僅此一見。

［11］太子少詹事：東宫屬官。爲詹事院屬官，掌總統東宫内外庶務。從四品。原本脱“少”字，據中華點校本補。　烏古論三合：女真人。本書卷八二有傳。《高麗史》卷一八《毅宗世家》作“太府監烏骨論守貞”。太府監當是其假官，守貞當是烏古論三合的漢名。

［12］金莊：本書僅此一見。

［13］殿前太尉：西夏官名。　梁惟忠：曾以監察御史掌通濟錢監，負責鑄錢。　樞密都承旨：西夏官名。樞密院負責人，掌軍國兵防邊和等政事。據本書卷一三四《夏國傳》，西夏乞免索正隆以來所擄人口最初在是年二月，“其後屢以爲請，詔許之”。西夏當還有使臣赴金，本書所載惟金大定六年（1166）李克勤、焦景顔。《西夏書事》卷三七繫此事於南宋隆興二年（1164）十一月，且所稱奏告全文録自本書卷一三四《夏國傳》所載紐卧文忠奏告，誤。

	宋	夏	高麗
五年	正月癸亥，宋通問使禮部尚書魏杞、崇信軍承宣使康湑奉國書及誓書入見。［1］	正月辛亥朔，夏武功大夫訛羅世、宣德郎高嶽賀正旦。［2］	正月辛亥朔，高麗衛尉少卿高珍縉賀正旦。［3］

	宋	夏	高麗
	二月，以殿前左副都點檢完顏仲、太子詹事楊伯雄報問宋國。[4] 三月庚戌，[5]宋禮部尚書洪适、崇信軍承宣使龍大淵賀萬春節。[6] 八月，宋吏部尚書李若川、寧國軍承宣使曾覿等賀尊號。[7] 九月，以吏部尚書高衎、移剌道爲宋生日使。[8] 十一月，以殿前右副都點檢烏古論粘	三月庚戌，夏使賀萬春節。[9] 九月，以宿直將軍朮虎蒲查爲夏生日使。[10]	三月庚戌，高麗殿中少監陳力升進奉使，[11]祕書少監元頤冲賀萬春節。[12] 十月，以大宗正丞璋爲高麗生日使。[13] 十二月，高麗遣吏部尚書李知深、中書舍人尹敦信賀尊號，[14]衛尉少卿王輔謝賜生日。[15]

	宋	夏	高麗
	没曷、尚書禮部侍郎劉仲淵爲賀宋正旦使。[16]		

[1]禮部尚書：宋官名。尚書禮部長官。掌有關禮樂、祭祀、朝會、宴饗、學校、貢舉等政令。　魏杞：《宋史》卷三八五有傳。崇信軍承宣使：宋官名。原爲節度觀察留後，無職掌，無定員，不駐本州，僅爲武臣寄禄官。北宋政和七年（1117）改名承宣使，位在節度使之下，觀察使之上。崇信軍設在隨州，治所在今湖北省隨州市。　康湑：本書僅見於卷六一、八七。

[2]訛羅世：本書僅此一見。　高嶽：後官至樞密直學士，累世通顯，至孫良惠爲夏國相。

[3]高珍縉：本書僅此一見。

[4]殿前左副都點檢：殿前都點檢司屬官，例兼侍衛親軍副都指揮使。掌宫禁及行從。從三品。　完顔仲：女真人。本名石古乃。本書卷七二有傳。　太子詹事：東宫屬官。詹事院長官。掌總統東宫内外庶務。從三品。　楊伯雄：本書卷一〇五有傳。

[5]三月庚戌：本書卷六《世宗紀上》繫於大定五年（1165）二月戊申，即二月二十九日。與此異。

[6]洪适：《宋史》卷三七三有傳。　龍大淵：《宋史》卷四七〇有傳。

[7]吏部尚書：宋官名。尚書吏部長官。掌文武官員選試、擬注差遣、資任、叙遷、蔭補、考課等政事。正三品。　李若川：本書僅此一見。　寧國軍承宣使：宋官名。無職掌，無定員，不駐本州，僅

爲武臣寄禄官。位在節度使之下，觀察使之上。寧國軍設在寧國府，治所在今安徽省宣州市。　曾覿：《宋史》卷四七〇有傳。

［8］高衎：本書卷九〇有傳。　移剌道：本名按。本書卷九〇有傳。

［9］三月庚戌，夏使賀萬春節：據本書卷六《世宗紀上》，大定五年（1165）八月，"癸巳，宋、夏遣使賀尊號"。本表漏載。

［10］术虎蒲查：女真人。僅見於本書卷六、六一。

［11］陳力升：本書僅此一見。

［12］元頤冲：本書僅此一見。

［13］大宗正丞：大宗正府屬官。協助判大宗正事掌敦睦糾率宗屬欽奉王命。從四品。金泰和六年（1206），因避諱改稱大睦親丞。　璋：女真人。本書僅見於卷六、六一。《高麗史》卷一八《毅宗世家》作"少府監完顔章"。少府監當是其假官。

［14］吏部尚書：高麗官名。尚書吏部屬官。掌文選勳封之政。正三品。　李知深：本書僅此一見。　中書舍人：高麗官名。從四品。　尹敦信：本書僅此一見。

［15］王輔：本書僅此一見。

［16］殿前右副都點檢：殿前都點檢司屬官，例兼侍衛親軍副都指揮使。掌宫禁及行從。從三品。　烏古論粘没曷：女真人。本書卷一二〇有傳。《宋史》卷三三《孝宗紀一》乾道元年（1165）十二月作烏古論忠弼。　尚書禮部侍郎：尚書禮部屬官。協助禮部尚書掌禮樂、祭祀、燕享、學校、貢舉、儀式、制度、符印、表疏、圖書、册命、祥瑞、天文、漏刻、國忌、廟諱、醫卜、釋道、四方使客、諸國進貢、犒勞張設等事。正四品。本書卷六《世宗紀上》大定二年十二月記劉仲淵出使時官職爲尚書刑部侍郎，與此不同。　劉仲淵：曾爲同修國史，參與《太宗實録》的編寫。事見於本書卷六、六一、八四、八八、九二、九七。

	宋	夏	高麗
六年	正月丙午朔，宋户部尚書方滋、福州觀察使王抃賀正旦。[1] 三月甲辰朔，[2]吏部尚書王曮、利州觀察使魏仲昌賀萬春節。[3] 九月，以户部尚書魏子平、殿前左衛將軍夾谷查剌爲賀宋生日使。[4] 十一月，以殿前右副都點檢駙馬都尉烏古論	正月丙午朔，夏武功大夫高遵義、宣德郎安世等賀正旦。[5] 三月甲辰朔，夏武功大夫曹公達、宣德郎孟伯達、押進知中興府趙衎賀萬春節。[6]戊申，夏御史中丞李克勤、翰林學士焦景顔奏告，[7]乞免索正隆末年所虜人口，許之。	正月丙午朔，高麗太府少卿李世儀賀正旦。[8] 三月甲辰朔，高麗國子司業趙仁貴進奉使，[9]祕書少監李復基等賀萬春節。[10] 四月戊戌，以尚書右司郎中移剌道爲横賜高麗使。[11] 十月己卯，以尚書兵部侍郎移剌按荅爲高麗生日使。[12]

	宋	夏	高麗
	元忠、少府監張仲愈爲賀宋正旦使。[13]	四月戊戌，以宿直將軍斜卯摑剌爲橫賜使。[14] 九月辛亥，以翰林待制移剌熙載爲夏生日使。[15] 十二月戊戌，夏御史中丞賀義忠、翰林學士楊彦敬謝橫賜。[16]	十二月戊戌，高麗禮賓少卿崔椿謝賜生日，[17]衛尉少卿金資用謝橫賜。[18]

［1］户部尚書：宋官名。尚書户部長官。掌户口、錢糧、土地的政令及貢賦出納、金幣轉通、府庫收藏等事。正三品。　方滋：本書僅此一見。　福州觀察使：宋官名。無職掌，無定員，不駐本州，僅爲武臣寄禄官，高於防禦使而低於承宣使。福州治所在今福建省福州市。　王抃：《宋史》卷四七〇有傳。

［2］三月甲辰朔：本書卷六《世宗紀上》繫於大定六年（1166）二月壬寅，即二月二十八日。與此異。

［3］王曮：本書僅此一見。　利州觀察使：宋官名。無職掌，無定員，不駐本州，僅爲武臣寄禄官，高於防禦使而低於承宣使。利州治所在今四川省廣元市。　魏仲昌：本書僅此一見。

［4］魏子平：字仲均。本書卷八九有傳。　殿前左衛將軍：殿前都點檢司屬官。掌宫禁及行從宿衛警嚴，總領護衛。　夾谷查剌：女真人。一作夾古查剌。本書卷八六有傳。

［5］高遵義：本書僅此一見。　安世：本書僅此一見。

［6］曹公達：本書僅此一見。　孟伯達：本書僅此一見。　押進知中興府：西夏官名。據《西夏書事》卷三九，興慶府更名爲中興府是在金泰和五年（1205），此處稱興慶府是。　趙衍：西夏天盛十年（1158）官爲中書舍人，充館伴使，後官至樞密都承旨。

［7］御史中丞：西夏官名。御史臺屬官，位僅次於御史大夫。參掌糾察官邪，肅正紀綱。　李克勤：本書共兩人名李克勤，此人僅此一見。

［8］太府少卿：高麗官名。太府寺屬官。參掌財貨廩藏。從四品。　李世儀：本書僅此一見。

［9］國子司業：高麗官名。國子監屬官。位次於國子大司成、國子祭酒。從四品。　趙仁貴：本書僅此一見。

［10］李復基：本書僅此一見。

［11］尚書右司郎中：尚書省右司負責人。掌本司奏事，總察兵、刑、工三部受事付事，兼修起居注。正五品。

［12］尚書兵部侍郎：尚書兵部屬官。協助兵部尚書掌兵籍、軍器、城隍、鎮戍、厩牧、鋪驛、車輅、儀仗、郡邑圖志、險阻、障塞、遠方歸化等事。正四品。　移剌按荅：契丹人。本書卷九一有傳。《高麗史》卷一八《毅宗世家》稱其“太府監耶律成正”。太府監當是其假官，成正是其漢名。

［13］駙馬都尉：官名。正四品。　烏古論元忠：女真人。本名訛里也。本書卷一二〇有傳。　少府監：官名。少府監長官。掌邦國百工營造之事。正四品。　張仲愈：本書事見於卷八、一九、四七、四九、六一、八九。據本書卷八九《蘇保衡傳》，“遣少府監張仲愈取南京宫殿圖本”，可知大定初其官職一直爲少府監。本書卷一九《世紀補》於大定十年已稱其官爲户部尚書，當是自少府監升任。本

書卷八《世宗紀下》，大定二十三年（1183）二月，“以户部尚書張仲愈爲參知政事”，七月，“平章政事移剌道，參知政事張仲愈皆罷”。但大定十年至二十三年之間尚見户部尚書高德基、曹望之。據卷七《世宗紀中》可知，曹望之接替高德基是在大定十二年（1172）。故《世宗紀》所載當是張仲愈第二次出任户部尚書，其第一次任職時間很短，中間因何去職不詳。

［14］斜卯擱剌：女真人。本書僅見於卷六、六一。

［15］翰林待制：翰林學士院屬官。分掌詞命文字，分判院事，凡應奉文字，銜内帶同知制誥。正五品。　移剌熙載：僅見於本書卷六、六一、一二八。

［16］賀義忠：本書僅此卷兩見。　楊彦敬：本書僅此卷兩見。

［17］崔椿：本書僅此一見。

［18］金資用：本書僅此一見。

	宋	夏	高麗
七年	正月庚子朔，宋試工部尚書薛良朋、昭慶軍承宣使張説賀正旦。[1] 三月己亥朔，宋翰林學士梁克家、安慶軍承宣使趙應熊等賀萬春節。[2]	正月庚子朔，夏武功大夫劉志真、宣德郎李師白等賀正旦。[3] 三月己亥朔，夏武功大夫任得仁、宣德郎李澄等賀萬春節。[4]	正月庚子朔，高麗司宰少卿潘咸有賀正旦。[5] 三月己亥朔，高麗尚書户部侍郎柳德容賀萬春節。[6] 十二月壬

	宋	夏	高麗
	九月，[7]以勸農使蒲察莎魯窩、東上閤門使梁彬爲賀宋生日使。[8]	九月乙亥，以宿直將軍唐括鶻魯爲夏生日使。[9] 十二月壬戌，夏遣殿前太尉芭里昌祖、樞密都承旨趙衍奏告，以其臣任得敬有疾，乞遣良醫診治。[10]詔賜之醫。	戌，[11]高麗禮賓少卿崔儇謝賜生日使。[12]

[1]試工部尚書：宋官名。工部尚書爲尚書工部長官，掌修築城郭、宫室、道路及修治河渠等事。攝守、代理之官稱試。　薛良朋：本書僅此一見。　昭慶軍承宣使：宋官名。無職掌，無定員，不駐本州，僅爲武臣寄禄官。位在節度使之下、觀察使之上。昭慶軍設在湖州，治所在今浙江省湖州市。　張説：《宋史》卷四七〇有傳。

[2]梁克家：《宋史》卷三八四有傳。　安慶軍承宣使：宋官名。無職掌，無定員，不駐本州，僅爲武臣寄禄官，位在節度使之下、觀察使之上。安慶軍設在安慶府，治所在今安徽省潛山縣。　趙應熊：本書僅此一見。

[3]劉志真：本書僅此一見。

[4]任得仁：爲任得敬族弟。《西夏書事》卷三七載："得敬攻破莊浪族，使得仁爲賀節使，以覘金主喜怒。"　李澄：本書僅此一見。

[5]司宰少卿：高麗官名。爲司宰寺屬官，參掌魚梁川澤。從四

品。　潘咸有：本書僅此一見。

［6］尚書户部侍郎：高麗官名。尚書户部屬官。參掌户口、貢賦、錢糧之政。正四品。　柳德容：本書僅此一見。

［7］九月：《宋史》卷三四《孝宗紀二》乾道三年（1167）六月"乙亥，金遣使來取被俘人"，十二月"庚申，金遣徒單忠衛等來賀明年正旦"，本書皆不載。

［8］勸農使：勸農使司長官。掌勸課天下力田之事。正三品。　蒲察莎魯窩：女真人。本書見於卷六、六一、六四。　東上閤門使：宣徽院下屬機構閤門的負責人。掌贊導殿庭禮儀。定員二人，正五品。　梁彬：本書僅此一見。

［9］唐括鶻魯：女真人。本書僅見於卷六、六一。

［10］良醫：據本書卷一三四《夏國傳》，醫者爲保全郎王師道。

［11］十二月壬戌：《高麗史》卷一八《毅宗世家》，高麗毅宗二十一年（1167）十一月，"庚辰，金遣少府監李衛國來賀生辰"。本書漏載。

［12］崔傒：本書僅此一見。《高麗史》卷一八《毅宗世家》，高麗毅宗二十一年十一月，"遣禮賓少卿崔傒如金謝賀生辰，報前年耶律成正之來也"。

	宋	夏	高麗
八年	正月甲子朔，宋試户部尚書唐琢、保寧軍承宣使宋鈞賀正旦。[1] 三月癸亥朔，試工部尚	正月甲子朔，夏武功大夫利守信、宣德郎李穆賀正旦。[2] 三月癸亥朔，夏武功大	正月甲子朔，高麗司宰少卿金起賀正旦。[3] 三月癸亥朔，高麗尚書户部侍郎金光

	宋	夏	高麗
	書王淪賀萬春節。[4] 九月，以右宣徽使移剌神獨斡、太府監高彦佐爲賀宋生日使。[5] 十一月，以同簽大宗正事宗室闢合土、尚書右司郎中李昌圖爲賀宋正旦使。[6]	夫咩布師道、宣德郎嚴立本等賀萬春節。[7] 四月戊午，夏遣任德聰謝恩使，[8]詔却其禮物。 九月丁卯，以引進使高希甫爲夏生日使。[9]	利進奉使，[10]朝散大夫祕書少監趙浞賀萬春節。[11] 十月乙未，以翰林待制兼同修國史宗室靖爲高麗生日使。[12]

[1]試户部尚書：宋官名。尚書户部長官。掌户口、農田、賦役、常平、免役、坊場等事。　唐琢：本書僅此一見。按，《宋史》卷三四《孝宗紀二》乾道三年（1167）十月作“唐瑑”。　保寧軍承宣使：宋官名。無職掌，無定員，不駐本州，僅爲武臣寄禄官，位在節度使之下、觀察使之上。保寧軍設在婺州，治所在今浙江省金華市。　宋鈞：本書僅此一見。

[2]利守信：本書僅此一見。　李穆：本書僅此一見。

[3]金起：本書僅此一見。

[4]王淪：本書僅見於卷六一、八四。

[5]右宣徽使：宣徽院長官。掌朝會、燕享、殿庭禮儀及監知御膳。正四品。　移剌神獨斡：契丹人。一作耶律神都斡。曾爲同知宣

徽院事、西北路招討都監。本書事見於卷六、六一、六四、八一、八九。　太府監：官名。太府監長官。掌出納邦國財用錢穀之事。正四品。　高彦佐：本書僅此一見。

［6］同簽大宗正事：大宗正府屬官。以宗室充任，協助判大宗正事掌敦睦糾率宗屬欽奉王命。正三品。泰和六年（1206）因避諱改稱同簽大睦親府事。　闢合土：女真人。本書見於卷六、六一。《宋史》卷三四《孝宗紀二》乾道四年（1168）十二月作完顔仲仁。　李昌圖：後官至大理卿。本書見於卷六、六一、九一、九五、一三二。

［7］咩布師道：本書僅此一見。　嚴立本：《西夏書事》卷三八稱其言動有準繩，官至樞密直學士，進吏部尚書。

［8］任德聰：任得敬之弟，當爲"得聰"。《西夏書事》卷三七繫此事於金大定八年（1168）二月，"仁孝遣謝恩使左金吾衛正將軍任得聰至金，得敬亦附表進禮物。金主曰：'得敬自有定分，豈宜紊越。'却不受"。書此事較詳明。

［9］高希甫：本書僅見於卷六、六一。

［10］金光利：本書僅此一見。

［11］趙湜：本書僅此一見。

［12］同修國史：國史院屬官。位在監修國史、修國史之下，負責國史的編纂工作。定員二人。　靖：女真人。事見於本書卷六、七、六一、一三五。

	宋	夏	高麗
九年	正月戊午朔，宋試工部尚書鄭聞、明州觀察使董誠等賀正旦。[1] 三月丁巳	正月戊午朔，夏武功大夫莊浪義顯、宣德郎劉裕等賀正旦。[2] 三月丁巳	正月戊午朔，高麗司宰少卿陳玄光、禮賓少卿徐諏等賀正旦。[3] 三月丁巳

	宋	夏	高麗
	朔，宋翰林學士胡元質、保康軍承宣使宋直温等賀萬春節。[4] 九月，以刑部尚書高德基爲賀宋生日使。[5] 十一月，以京兆尹宗室毅、尚書左司郎中牛德昌爲賀宋正旦使。[6]	朔，夏武功大夫渾進忠、宣德郎王德昌等賀萬春節。[7] 五月丙辰，以宿直將軍完顔賽也爲横賜夏國使。[8] 九月，以宿直將軍僕散守忠爲夏生日使。[9]	朔，高麗祕書少監金利誠賀萬春節，[10]朝散大夫衛尉少卿崔俻爲進奉使。[11] 五月，以符寶郎徒單懷貞爲横賜高麗使。[12] 九月丙辰，以提點司天臺馬貴中爲高麗生日使。[13] 十二月戊戌，高麗邊報稱王晛誕得繼孫，[14]欲遣使奏告。庚戌，高麗太府少卿裴衍謝賜生日，[15]司宰少卿李世美謝横賜。[16]

［1］鄭聞：本書僅此一見。　明州觀察使：宋官名。無職掌，無定員，不駐本州，僅爲武臣寄禄官，高於防禦使而低於承宣使。明州治所在今浙江省寧波市。　董誠：本書僅此一見。

［2］莊浪義顯：本書僅此一見。　劉裕：本書僅此一見。

［3］陳玄光：本書僅此一見。　徐諏：《高麗史》卷一八《毅宗世家》，高麗毅宗二十二年（1168，金世宗大定八年）十一月，“金遣完顏靖來賀生辰”，十二月，“遣禮賓少卿徐諏如金謝賀生辰”。徐諏是謝賀生辰使，與賀正旦使陳玄光同於正月抵金，此稱賀正旦使，誤。

［4］胡元質：宋長洲人，字長文。少年時即聰明穎悟，行有節義。後中進士，宋光宗時官爲秘書省正字，以敷文閣大學士終。　保康軍承宣使：爲武臣寄禄官，位在節度使之下、觀察使之上。保康軍設在房州，治所在今湖北省房縣南。　宋直温：本書僅此一見。

［5］刑部尚書：尚書刑部長官。掌律令、刑名、監户、官户、配隸、功賞、捕亡等事。正三品。　高德基：本書卷九〇有傳。

［6］京兆尹：府官名。京兆即京兆府，治所在今陝西省西安市。尹即府尹。正三品。　宗室毅：本書僅見於卷六、六一。　尚書左司郎中：尚書省左司負責人。掌本司奏事，總察吏、户、禮三部受事付事，兼修起居注。正五品。　牛德昌：本書卷一二八有傳。

［7］渾進忠：本書僅此卷兩見。　王德昌：本書僅此一見。

［8］完顏賽也：本書僅見於卷六、六一。

［9］僕散守忠：女真人。事見於本書卷六、八、六一、一三二。本書卷六《世宗紀上》，大定九年九月作“守中”。原本脱“守”字，據中華點校本補。

［10］金利誠：本書僅此一見。

［11］崔偦：本書僅此一見。《高麗史》卷一八《毅宗世家》，毅宗二十二年“十二月，遣司宰少卿陳玄光如金賀正，衛尉少卿崔允偦獻方物”，作“崔允偦”。

［12］符寶郎：殿前都點檢司屬官。舊名牌印祗候，大定二年

（1162）起曾稱符寶祗候。掌御寶及金銀等牌，定員四人。　徒單懷貞：女真人。本書僅見於卷六、六一。據《高麗史》卷一九《毅宗世家》，高麗毅宗二十三年（1169）七月，“金遣橫賜使徒單懷貞來賜羊二千”。

［13］提點司天臺：秘書監下屬機構司天臺的負責人。掌天文曆數、風雲氣象，密以奏聞。正五品。　馬貴中：本書卷一三一有傳。《高麗史》卷一九《毅宗世家》作“太府監馬貴忠”，太府監當是其假官，人名字有異。

［14］王晛：即高麗毅宗。見《高麗史》卷一七至卷一九。

［15］裴衍：本書僅此一見。

［16］李世美：本書僅此一見。

	宋	夏	高麗
十年	正月壬子朔，宋試吏部尚書汪大猷、寧國軍承宣使曾覿賀正旦。[1] 三月壬子朔，宋試工部尚書司馬伋、泉州觀察使馬定遠等賀萬春節。[2]	正月壬子朔，夏武功大夫劉志直、宣德郎韓德容等賀正旦。[3] 三月壬子朔，夏武功大夫張兼善、宣德郎李師白等賀萬春節。[4]丁丑，詔以夏奏告使於閏五月十六就行在。[5]	正月壬子朔，高麗禮賓少卿陳升賀正旦。[6] 三月壬子朔，高麗衛尉少卿崔侁進奉使，[7]尚書禮部侍郎崔光涉等賀萬春節。[8]

	宋	夏	高麗
	閏五月丁酉，尚書省奏宋祈請使赴闕日期，[9]詔以九月十一日朝見。 九月，以簽書樞密院事移剌子敬、宫籍監張僅言爲賀宋生日使。[10]丙戌，宋祈請使資政殿大學士范成大、崇信軍節度使康湑至，[11]求免起立接受國書，詔不許。 十一月，以太子詹事蒲察蒲速越、同知宣徽院事韓綱爲賀宋正旦使。[12]	閏五月乙未，[13]夏權臣任得敬中分其國，脅其主李仁孝遣左樞密使浪訛進忠、參知政事楊彦敬、押進翰林學士焦景顔等上表爲得敬求封，[14]詔不許，遣使詳問。 七月庚子，宋人以蠟丸書遺任得敬，夏執其人并書以來。 九月庚寅，[15]以尚書户部郎中夾古阿里補爲夏生日使。[16]	十月己酉，以大宗正丞宗室圠爲高麗生日使。[17] 十一月己卯，[18]高麗翼陽公晧廢晛自立，[19]不肯接受賜王晛生日使，王晧稱兄晛讓國，求封册。[20]詔遣使詳問。

	宋	夏	高麗
		十一月癸巳，夏以誅任得敬，遣其殿前太尉芭里昌祖、樞密直學士高岳等上表陳謝。[21]	

[1]試吏部尚書：宋官名。尚書禮部長官。掌文武官員選試、擬注差遣、資任、敘遷、蔭補、考課等政事。　汪大猷：《宋史》卷四〇〇有傳。

[2]司馬伋：本書僅此一見。　泉州觀察使：宋官名。無職掌，無定員，不駐本州，僅爲武臣寄禄官，高於防禦使而低於承宣使。泉州治所在今福建省泉州市。　馬定遠：本書僅此一見。

[3]劉志直：劉志真之弟。官至翰林學士，工書法，曾以黄羊尾豪製成特製的毛筆，風行西夏。　韓德容：本書僅此一見。

[4]張兼善：本書僅此卷兩見。

[5]行在：皇帝巡幸的駐蹕之地叫行在，此時金世宗在柳河川。

[6]陳升：本書僅此一見。

[7]崔侁：本書僅此一見。

[8]崔光涉：本書僅此一見。

[9]尚書省：官署名。爲金最高政務機構，下屬機構有吏、户、禮、兵、刑、工六部及尚書左、右司。長官爲尚書令，正一品。

[10]簽書樞密院事：樞密院屬官。協助樞密使掌武備機密之事。正三品。　移剌子敬：本名屋骨朶魯。本書卷八九有傳。《宋史》卷三四《孝宗紀二》乾道六年（1170）十月作耶律子敬。　宮籍監：

殿前都點檢司下屬機構宫籍監屬官。掌内外監户、地土錢帛、小大差發。從五品。　張僅言：本書卷一三三有傳。

[11]資政殿大學士：宋官名。爲諸殿閣學士之一，始設於景德二年（1005），位在文明殿學士之下，翰林學士承旨之上。出入侍從，備顧問，無具體執掌。　范成大：《宋史》卷三八六有傳。　崇信軍節度使：宋官名。宋承唐制設節度使，但削奪其實權，使之成爲武官高級虚銜，不駐本州，恩數同執政，用以寄禄，俸禄高於宰相，並給儀仗，稱爲旌節。崇信軍設在隨州，治所在今湖北省隨州市。

[12]蒲察蒲速越：女真人。本書僅見於卷六、六一、七八。《宋史》卷三四《孝宗紀二》乾道六年十二月作蒲察願。原本爲"蒲察速越"，今據中華點校本於"察"下補"蒲"字。　同知宣徽院事：宣徽院屬官。參掌朝會、燕享、殿庭禮儀及監知御膳。正四品。

[13]閏五月乙未：本書卷六《世宗紀》繫於閏五月庚辰。此乙未，即是上文所説的閏五月十六，故疑《世宗紀》誤。

[14]李仁孝：即西夏仁宗，1140 年至 1193 年在位。　左樞密使：西夏官名。樞密院屬官。參掌軍國兵防邊備之事。　浪訛進忠：本書僅此一見。　參知政事：西夏官名。　押進翰林學士：西夏官名。翰林學士院屬官。

[15]九月庚寅：原本脱"九月"二字，今據中華點校本補。

[16]尚書户部郎中：尚書户部屬官。協助户部尚書掌户口、錢糧、土地的政令及貢賦出納、金幣轉通、府庫收藏等事。從五品。　夾古阿里補：女真人。本書僅見於卷六、六一、九二。

[17]宗室糺：女真人。本書僅見於卷六、六一、一三五。

[18]十一月：據《高麗史》卷一九《明宗世家》，高麗毅宗"二十四年九月己卯，鄭仲夫等逐毅宗，領兵迎王即位于大觀殿前"。此處所記當是金國正式得知此事的時間。

[19]翼陽公：高麗封爵名。　晧：即高麗明宗，見《高麗史》卷一九、二〇。

[20]求封册：據《高麗史》卷一九《明宗世家》，此次出使金國

者爲工部郎中庾應圭。

[21]樞密直學士：西夏官名。樞密院屬官。《宋史》卷四八六《夏國傳》繫誅任得敬於乾道四年，即金大定八年（1168），與本書不同。本書卷一三四《夏國傳》繫於八月，與此不同。卷六《世宗紀》則與此同繫於十一月。

	宋	夏	高麗
十一年	正月丙子朔，宋試工部尚書呂正己、利州觀察使辛堅之賀正旦。[1] 三月乙亥，宋翰林學士趙雄、泉州觀察使趙伯驌等賀萬春節。[2] 八月，以尚書刑部侍郎駙馬都尉烏林荅天錫、御史中丞李文蔚爲賀宋生日使。[3] 十一月，	正月丙子朔，夏遣武功大夫煞執直、宣德郎馬子才賀正旦。[4] 三月乙亥，夏使賀萬春節。 八月丁卯，[5]以近侍局使劉琉爲夏生日使。[6]	正月壬辰，高麗王晧報稱，前王久病，昏耗不治，以母弟晧權攝國事。 四月丁卯，權軍國事王晧上表，并以兄晛表求封。 五月，以尚書吏部侍郎宗室靖爲宣問高麗王晛使。[7]靖至高麗，晧稱晛避位出居他所，病加無損，不能就位

	宋	夏	高麗
	以西南路招討使宗室宗寧、户部侍郎程輝爲賀宋正旦使。[8]		拜命，往復險遠，非使者所宜往，乃以王晛表附奏。其表大概與前表同。 十二月丁卯，[9]權高麗國事王晧告奏使、尚書禮部侍郎張翼明以王晧表求封。[10]

[1]吕正己：本書僅此一見。　利州觀察使：宋官名。無職掌，無定員，不駐本州，僅爲武臣寄禄官，高於防禦使而低於承宣使。　辛堅之：本書僅此一見。

[2]趙雄：《宋史》卷三九六有傳。　趙伯驌：《宋史》卷二四七有傳。

[3]尚書刑部侍郎：尚書刑部屬官。協助刑部尚書掌律令、刑名、監户、官户、配隸、功賞、捕亡等事。正四品。　烏林荅天錫：女真人。世宗昭德皇后之侄，烏林荅暉之第三子，世襲納鄰河猛安親管謀克，曾爲殿前都點檢，因罪免職。因昭德皇后之故，被金世宗任爲太尉。　御史中丞：御史臺屬官。協助御史大夫掌糾察朝儀、彈劾官邪、勘鞫官府公事，審斷所屬部門理斷不當引起上訴的案件。從三品。　李文蔚：本書僅此一見。

[4]煞執直：本書僅此一見。　馬子才：本書僅此一見。

［5］八月丁卯：原本脱“八月”二字，今據中華點校本補。

［6］近侍局使：殿前都點檢司下屬機構近侍局屬官。掌侍從，承勅令，轉進奏帖。從五品。　劉琉：本書卷九七有傳。

［7］尚書吏部侍郎：高麗官名。尚書吏部屬官。協助吏部尚書掌文武選授、勳封、考課、出給制誥等事。正四品。

［8］西南路招討使：西南路招討司長官。掌招懷降附，征討携離。正三品。　宗室宗寧：女真人。本名阿土古。本書卷七三有傳。按，“宗寧”，原本作“崇寧”，今據中華點校本改。　户部侍郎：尚書户部屬官。協助户部尚書掌户口、錢糧、土地的政令及貢賦出納、金幣轉通、府庫收藏等事。正四品。　程輝：本書卷九五有傳。

［9］十二月丁卯：原本脱“十二月”，今據中華點校本補。

［10］張翼明：本書僅見於卷六一、一三五。原本作“張明翼”，據中華點校本改。據《高麗史》卷一九《明宗世家》，張翼明的副使爲“都部署黄公遇”。

	宋	夏	高麗
十二年	正月庚午朔，[1]宋試工部尚書莫濛、利州觀察使孫顯祖賀正旦。[2] 三月己巳朔，宋龍圖閣學士翟紱、宜州觀察使俎士粲等賀萬春節。[3]	正月庚午朔，武功大夫嵬恧執忠、宣德郎劉昭等賀正旦。[4] 三月己巳朔，夏武功大夫党得敬、宣德郎田公懿賀萬春節。[5]殿前	正月庚午朔，高麗使賀正旦。 三月己巳朔，權高麗國王晧遣尚書户部侍郎金黄裕等賀萬春節。[6]衛尉少卿蔡祥正賀加上尊號。[7]

	宋	夏	高麗
	四月，宋試吏部尚書姚憲、安德軍承宣使曾覿賀加上尊號。[8] 九月，以殿前右副都點檢夾谷清臣、尚書左司郎中張汝弼爲賀宋生日使。[9]十一月，以户部尚書曹望之、尚書右司郎中紇石烈哲爲賀宋正旦使。[10]	馬步軍太尉訛羅紹甫、樞密直學士吕子温、押進匭匣使芭里直信等賀加上尊號。[11] 四月癸亥，以宿直將軍唐括阿忽里爲横賜夏國使。[12] 九月辛巳，以殿前右衛將軍粘割斡特剌爲夏生日使。[13] 十二月癸亥，夏殿前太尉罔榮忠、樞密直學士嚴立本等謝横賜。[14]	丁丑，宿直將軍烏古論思列、尚書右司員外郎張亨爲封册王晧使。[15] 四月丁卯，高麗户部尚書李著、國子祭酒崔誧賀尊號。[16] 十月，高麗檢校太尉金于蕃、太府少卿金瑄謝封册。[17]

[1]正月庚午朔：原本作“庚子”，據本書卷七《世宗紀中》改。

[2]莫濛：《宋史》卷三九〇有傳。　孫顯祖：本書僅此一見。

[3]龍圖閣學士：宋官名。爲諸殿閣學士之一，始設於大中祥符三年（1010），位在樞密直學士之上。出入侍從，備顧問，無具體執掌。　翟紱：本書僅此一見。　宜州觀察使：宋官名。爲武臣寄禄官，高於防禦使而低於承宣使。宜州治所在今廣西壯族自治區宜州市。　俎士粲：本書僅此一見。

[4]嵬恧執忠：本書僅此一見。　劉昭：後官至翰林學士、樞密直學士、户部侍郎。

[5]党得敬：本書僅此一見。　田公懿：本書僅此一見。

[6]金黄裕：本書僅此一見。

[7]蔡祥正：本書僅此一見。《高麗史》卷一九《明宗世家》，二年（1172）三月"辛巳，遣尚書右丞李文著、侍郎崔誧如金賀上尊號"，十二月乙巳，"遣衛尉卿蔡祥正如金進方物"。則蔡祥正是進奉使，且在年末，至金當在次年年初，故此條當列入下一欄大定十三年（1173）内。

[8]姚憲：本書僅此一見。　安德軍承宣使：宋官名。爲武臣寄禄官，位在節度使之下、觀察使之上。安德軍設在閬州，治所在今四川省閬州市東北。

[9]夾谷清臣：女真人。本名阿不沙。本書卷九四有傳。　張汝弼：渤海人。本書卷八三有傳。

[10]曹望之：本書卷九二有傳。　紇石烈哲：女真人。本書卷七四作紇石烈哲典，本書僅此兩見。疑此脱"典"字。

[11]殿前馬步軍太尉：西夏官名。　訛羅紹甫：本書僅此卷兩見。　吕子温：本書僅此一見。　押進匭匣使：西夏官名。　芭里直信：本書僅此一見。

[12]唐括阿忽里：女真人。本書僅見於卷七、六一。

[13]殿前右衛將軍：殿前都點檢司屬官。掌宫禁及行從宿衛警嚴，總領護衛。　粘割斡特剌：女真人。一作粘哥斡特剌。本書卷九五有傳。

[14]罔榮忠：《西夏書事》卷三八作"周榮忠"。

[15]烏古論思列：女真人。官至河南統軍、東平尹，因怨望被

處死。《高麗史》卷一九《明宗世家》作“太府監上輕車都尉烏古論仲榮”，太府監當是其出使時假官，上輕車都尉爲金正四品勛封，仲榮當是其漢名。　張亨：本書卷九七有傳。《高麗史》卷一九《明宗世家》記其官名作翰林直學士。

[16]户部尚書：高麗官名。尚書户部屬官。參掌户口、貢賦、錢糧之政。正三品。　李著：《高麗史》卷一九《明宗世家》作“李文著”，本書脱“文”字。後官至樞密院副使。　國子祭酒：高麗官名。爲國子監屬官，位僅次於國子監大司成。從三品。　崔誧：本書僅此一見。《高麗史》卷一九《明宗世家》爲：“遣尚書左丞李文著、侍郎崔誧如金賀上尊號。”官名與此不同。

[17]檢校太尉：高麗官名。爲三公之一。檢校官爲由詔除而非正命的一種加官。　金于蕃：官至判禮賓省事。本書僅此一見。　金瑄：本書僅此一見。《高麗史》卷一九《明宗世家》作“太僕卿金暄”。　謝封册：《高麗史》卷一九《明宗世家》，高麗明宗二年(1172)“十二月壬寅，金移牒問王生日”。本表漏載。

	宋	夏	高麗
十三年	正月乙丑朔，宋試吏部尚書馮樽、泉州觀察使龍雲等賀正旦。[1] 三月癸巳朔，宋試禮部尚書韓元吉、利州觀察使鄭興裔等賀萬春節。[2]	正月乙丑朔，夏武功大夫卧落紹昌、宣德郎張希道等賀正旦。[3] 三月癸巳朔，夏武功大夫芭里安仁、宣德郎焦蹈等賀萬春節。[4]	正月乙丑朔，高麗國王王晧遣司宰少卿史正儒賀正旦。[5] 三月癸巳朔，高麗太府少卿李應求賀萬春節。[6]

	宋	夏	高麗
	八月，以殿前左副都點檢兼侍衛將軍副都指揮使宗室襄、國子司業兼尚書户部郎中張汝霖爲賀宋生日使。[7] 十一月，以大興尹璋、客省使兼東上閤門使高翊爲賀宋正旦使。[8]	九月辛卯朔，[9]以宿直將軍胡什賚爲夏生日使。[10]	十一月甲午，以引進使大洞爲高麗生日使。[11]

［1］馮樽：本書僅此一見。　龍雲：本書僅此一見。

［2］試禮部尚書：宋官名。尚書禮部長官。掌禮樂、祭祀、燕享、學校、貢舉、儀式、制度、符印、表疏、圖書、册命、祥瑞、天文、漏刻、國忌、廟諱、醫卜、釋道、四方使客、諸國進貢、犒勞張設等事。　韓元吉：宋大臣。紹興中歷官南劍州主薄、建安令，遷守建州。累官吏部尚書、龍圖閣學士，封潁川郡公，歸老於上饒。　鄭興裔：《宋史》卷四六五有傳。

［3］卧落紹昌：本書僅此一見。　張希道：本書僅此一見。

［4］三月癸巳朔，夏武功大夫芭里安仁、宣德郎焦蹈等賀萬春節：芭里安仁，本書僅此一見。焦蹈，本書僅此一見。按，此條與下文大定十四年（1174）重出。據《西夏書事》卷三八，是年賀萬春

節者爲武功大夫鄒顯忠、宣德郎王師信。《西夏紀》卷二五引《西夏事略》，是年“夏四月遣使貢于金”，本書不載。

[5]史正儒：後官至直門下、守司空。本書僅此一見。

[6]李應求：本書僅此一見。《高麗史》卷一九《明宗世家》作李應球。據《高麗史》卷一九《明宗世家》，是年閏正月與李應求一起出使的還有“禮賓少卿權光弼如金獻方物”，本表漏載。

[7]侍衛將軍副都指揮使：本書卷五六《百官志二》與此同爲“侍衛將軍副都指揮使”，誤，當爲“侍衛親軍副都指揮使”。爲侍衛親軍司屬官，例由殿前副都點檢兼任，正隆五年（1160）罷親軍司以後，此官并入殿前都點檢司。掌行從宿衛，關防門禁，總領護衛。　宗室襄：女真人。本書卷九四有傳。　國子司業：國子監屬官。掌學校。正五品。　張汝霖：渤海人。本書卷八三有傳。

[8]大興尹：府官名。大興即大興府，治所在今北京市。尹即府尹，正三品。　璋：女真人。本名胡麻愈。本書卷六五有傳。　客省使：宣徽院下屬機構客省負責人。掌接伴人使見辭之事。正五品。　高翊：本書僅見於卷六一、六五。

[9]辛卯朔：原本作“乙未”，今從中華點校本改。

[10]胡什賚：原本作“宗室崇肅”，今據中華點校本改爲“胡什賚”。胡什賚，女真人。姓完顔氏。大定二十一年（1181）官至右副都點檢，爲賀宋生日使。僅見於本書卷七、八、六一。

[11]大洞：僅見於本書卷七、六一。按《高麗史》卷一九《明宗世家》，高麗明宗生日在十月，而金使例於正月入賀。考之《高麗史》卷二一《神宗世家》：“咸成節（高麗神宗生日）本在七月，依前朝（高麗明宗）大定甲子年例，以十二月初一日爲節，遂爲常例。”大定無甲子年，此年爲癸巳年，大洞十一月出發，當於次年正月入賀，次年爲甲午年，甲子當爲甲午之誤。明宗與神宗一樣，都是將生辰改日受賀。高麗明宗二年（1172）“十二月壬寅，金移牒問王生日”。高麗通知金方的當即改過的日期，此事於甲午年，也就是高麗明宗四年正式實行。大洞是第一個賀高麗明宗生辰的金使。

	宋	夏	高麗
十四年	正月己丑朔，宋翰林學士留正、利州觀察使張薿等賀正旦。[1] 癸巳，宋使朝辭，尚書省奏，宋來書語涉平易，遣人就館諭宋使。大興尹璋至宋，宋人就館奪其國書，璋乃赴其宴、受其私物，璋坐除名。 二月，以刑部尚書梁肅、趙王府長史蒲察訛里剌爲詳問宋國使。[2] 三月戊子朔，宋遣户部	正月己丑朔，夏武功大夫煞進德、宣德郎李師旦賀正旦。[3] 三月戊子朔，夏武功大夫芭里安仁、宣德郎焦蹈等賀萬春節。[4] 九月乙未，以宿直將軍宗室崇肅爲夏生日使。[5]	正月己丑朔，高麗遣尚書吏部侍郎崔均等賀正旦。[6] 二月丙戌，[7] 高麗遣尚書刑部侍郎車仁揆進奉。[8] 三月戊子朔，高麗尚書户部侍郎金鍊光等賀萬春節。[9] 四月乙亥，[10] 以勸農副使完顔蒲涅爲横賜高麗使。[11] 十一月戊申，以儀鸞局使曹士元爲高麗生日使。[12]

	宋	夏	高麗
	尚書韓彦直、保信軍承宣使劉炎等賀萬春節。[13]梁肅等至宋，宋主接書如舊儀。 五月，梁肅等還，宋主以謝書附奏。 九月，以兵部尚書完顔讓、祕書少監賈少冲爲賀宋生日使。[14]己酉，宋試工部尚書張子顔、明州觀察使劉密爲報聘使，[15]仍求免起立接書，詔不許。 十一月，以御史中丞劉		

	宋	夏	高麗
	仲誨、殿前左衛將軍兼修起居注紇石烈奥也等爲賀宋正旦使。[16]		

[1]留正:《宋史》卷三九一有傳。　張巖:本書僅此一見。

[2]梁肅:本書卷八九有傳。　趙王府長史:諸王府屬官。掌警嚴侍從,兼總本府之事。從五品。趙王,封爵名,大定格,爲大國封號第八。　蒲察訛里剌:女真人。本書僅此一見。

[3]煞進德:《西夏書事》卷三八作"煞德進"。　李師旦:本書僅此一見。

[4]芭里安仁、焦蹈:此二人與上一年重出。

[5]崇肅:女真人。一作完顏宗肅,歷官寧昌軍節度使,西北路招討使,西京留守,御史大夫。"宿"上原本脱"以"字,據中華點校本補。

[6]崔均:《高麗史》卷九九有傳。《高麗史》卷一九《明宗世家》記其官職爲内侍郎中。

[7]二月丙戌:原本脱"二月",據中華點校本補。

[8]尚書刑部侍郎:高麗官名。尚書刑部屬官。參掌法律詞訟詳讞之事。正四品。　車仁揆:本書僅此一見。

[9]金錬光:本書僅此一見。

[10]四月乙亥:原本脱"四月",據中華點校本補。

[11]勸農副使:勸農使司屬官。參掌勸課天下力田之事。正五品。　完顏蒲涅:女真人。曾任侍御史,主持第一屆女真進士的考

試。本書事見於卷七、二三、五一、六一、九九。《高麗史》卷一九《明宗世家》作完顔琉，當是其漢名。

[12]儀鸞局使：宣徽院下屬機構儀鸞局屬官。掌殿庭鋪設、帳幕、香燭等事。從五品。　曹士元：本書僅見於卷七、六一。

[13]韓彦直：《宋史》卷三六四有傳。　保信軍承宣使：宋官名。爲武臣寄禄官，位在節度使之下，觀察使之上。保信軍設在廬州，治所在今安徽省合肥市。　劉炎：本書僅此一見。

[14]兵部尚書：尚書兵部長官。掌兵籍、軍器、城隍、鎮戍、厩牧、鋪驛、車輅、儀仗、郡邑圖志、險阻、障塞、遠方歸化等事。正三品。　完顔讓：女真人。歷官户部郎中、大興少尹、臨洮尹。本書僅見於卷七、三三、四七、六一、七〇、九〇。　祕書少監：祕書監屬官。正五品。　賈少冲：本書卷九〇有傳。

[15]張子顔：本書僅見於卷六一、八八。　劉密：本書僅見於卷六一、八八。

[16]劉仲誨：本書卷七八有傳。　修起居注：記注院長官。負責記録皇帝言行。貞祐三年（1215）起，以尚書左、右司首領官兼任。　紇石烈奥也：女真人。本書卷八八稱其官爲同簽樞密院事。本書僅此兩見。

	宋	夏	高麗
十五年	正月，宋試户部尚書蔡洸、江州觀察使趙益等賀正旦。[1]	正月，夏武功大夫李嗣卿、宣德郎白慶嗣等賀正旦。[2]	七月丙申，[3]曷懶路奏，[4]得高麗邊報，以其西京留守趙位寵作亂，[5]欲遣告

	宋	夏	高麗
	閏九月，[6]以歸德尹完顔王祥、客省使兼東上閤門使盧璣爲賀宋生日使。[7] 十一月，[8]以右宣徽使宗室靖、拱衛直都指揮使高運國爲賀宋正旦使。[9]	閏九月己未，[10]以符寶郎斜卯和尚，[11]爲夏生日使。 十二月丙午，夏遣中興尹訛羅紹甫、翰林學士王師信等謝横賜。[12]	奏，而義州路梗不通，[13]欲由定州入曷懶路，[14]詔許之。 九月，高麗西京留守趙位寵遣徐彦等進表，[15]欲以慈悲嶺以西、鴨淥江以東内附，[16]詔不許。 閏九月辛酉，[17]高麗國王王晧以平趙位寵之亂，遣祕書少監朴紹奉表告奏。[18] 十一月戊辰，以宿直將軍阿典蒲魯虎爲高麗生日使。[19] 十二月丙午，高麗遣朝

	宋	夏	高麗
			散大夫禮賓少卿趙永仁謝賜生日。[20]

［1］蔡洸：《宋史》卷三九〇有傳。　江州觀察使：宋官名。無職掌，無定員，不駐本州，僅爲武臣寄禄官。高於防禦使而低於承宣使。江州治所在今江西省九江市。　趙益：本書僅此一見。

［2］李嗣卿：後官至知興慶府，升殿前太尉。本書僅見於卷六一、六二。　白慶嗣：本書僅此一見。

［3］七月丙申：本書《世宗紀》大定十五年（1175）正月至六月闕文。《高麗史》卷一九《明宗世家》，高麗明宗四年（1174）“七月庚寅，遣給事中皮瑩文如金賀萬春節，中郎將宋勝夫進方物，都官員外郎魯璋謝橫宣”，皆應在大定十五年使金，本書皆漏載。未詳是年高麗因何命使如此之早。

［4］曷懶路：路名。治所在今朝鮮咸境北道之吉州。路之南界至今咸興南，西至今長白山，北至今琿春河與綏芬河兩源之間，東瀕海。

［5］西京留守：高麗官名。西京最高政務長官，授此職者例在正三品以上。西京治所在今朝鮮平壤。　趙位寵：《高麗史》卷一〇〇有傳。

［6］閏九月：原本脱“閏”字，據中華點校本補。

［7］歸德尹：府官名。歸德即歸德府，治所在今河南省商丘市南。尹即府尹，正三品。　完顔王祥：女真人。本書事見於卷七、六一、八七、一三二。《宋史》卷三四《孝宗紀二》淳熙二年（1175）十月作完顔禧。　盧璣：本書卷七五有傳。

［8］宗室靖：《宋史》卷三四《孝宗紀二》淳熙二年十二月作完顔迨。　拱衛直都指揮使：宣徽院下屬機構拱衛直使司長官。負責總領本直，嚴守儀衛。從四品。舊名拱衛直指揮使，金大定五年更爲都

指揮使。　高運國：本書僅此一見。

［9］十一月：《宋史》卷三四《孝宗紀二》淳熙元年（1174）十二月，“遣吴琚等賀金主生辰”，本表漏載。

［10］《西夏紀》卷二五：“夏四月，金遣横賜使來。”本表漏載。

［11］斜卯和尚：女真人。本書僅見於卷七、六一、九二。原本作“斜也和尚”，據中華點校本改。

［12］中興尹：據《西夏書事》卷三九，興慶府更名爲中興府是在金泰和五年（1205），此處應稱興慶府。　王師信：後官至翰林學士。

［13］義州：治所在今朝鮮義州郡附近。

［14］定州：治所在今朝鮮咸鏡南道定平郡。

［15］徐彦：本書僅見於卷六一、一三五。

［16］慈悲嶺：《高麗史》卷五八《地理志》稱巴山嶺即慈悲嶺。嶺在今朝鮮沙里院市與開城市間的瑞興郡境内。　鴨渌江：即今鴨緑江。

［17］閏九月辛酉：原本脱“閏九月”三字，據中華點校本補。

［18］朴紹：《高麗史》卷一九《明宗世家》記其官職爲借秘書丞。

［19］阿典蒲魯虎：女真人。本書僅見於卷七、六一。《高麗史》卷一九《明宗世家》作大監阿典溥，當是其漢名。

［20］趙永仁：《高麗史》卷九九有傳。《高麗史》卷一九《明宗世家》記其官職爲左司員外郎，且其命使在高麗明宗四年七月。

	宋	夏	高麗
十六年	正月戊申朔，宋試户部尚書謝廓然、泉州觀察使黄夷行等賀正旦。[1]	正月戊申朔，夏武功大夫嵬宰師憲、宣德郎宋弘等賀正旦。[2]	正月戊申朔，高麗尚書吏部侍郎李章賀正旦。[3]

	宋	夏	高麗
	三月丙午朔，宋試工部尚書張宗元、利州觀察使謝純孝等賀萬春節。[4]壬子，宋翰林學士知制誥朝散大夫湯邦彦、昭信軍承宣使陳雷等奉書申請。[5]丙辰，宋申請使朝辭，上以書答之。 九月，以殿前都點檢蒲察通、尚書左司郎中張亨爲賀宋生日使。[6] 十一月，以同知宣徽院事劉琬、近侍局使烏林荅愿爲賀宋正旦使。[7]	三月丙午朔，[8]夏武功大夫骨勒文昌、宣德郎王禹珪賀萬春節。[9] 九月癸丑，[10]以宿直將軍完顔覯古速爲夏生日使。[11]	三月丙午朔，高麗遣尚書户部侍郎蔡順禧賀萬春節。[12] 十一月，以尚書兵部郎中移剌子元爲高麗生日使。[13] 十二月庚子，高麗遣禮賓少卿王珪謝賜生日。[14]户部尚書吴光陟、尚書工部侍郎尹崇誨等以不許趙位寵内附，[15]陳謝。

[1]謝廓然：本書僅此一見。　黄夷行：宋蒲城人，字用之。以蔭補官，調監江寧酒税。後官至閤門祇候、知閤門事，以武功大夫終。

[2]嵬宰師憲：本書僅此一見。　宋弘：本書僅此一見。

[3]李章：本書僅此一見。

[4]張宗元：本書僅此一見。　謝純孝：本書僅此一見。

[5]知制誥：宋官名。宋翰林學士皆加知制誥，起草制、誥、詔、令、赦書、德音等，稱内制。他官加上知制誥起草以上文書稱外制，二者合稱兩制。　朝散大夫：宋官名。爲新寄禄官，相當於舊寄禄官中行郎中。　湯邦彦：本書僅此一見。　昭信軍承宣使：宋官名。爲武臣寄禄官，位在節度使之下、觀察使之上。昭信軍設在贛州，治所在今江西省贛州市。　陳雷：本書僅此一見。

[6]殿前都點檢：殿前都點檢司長官，例兼侍衛親軍都指揮使。掌行從宿衛，關防門禁，督攝隊仗，總判司事。正三品。　蒲察通：女真人。本名蒲魯渾，一作蒲盧渾。本書卷九五有傳。

[7]烏林荅愿：女真人。海陵正隆末，爲中都守城軍官。金太宗即位於遼陽後，與完顏璋等人於中都殺同知中都留守蒲察沙里只，奉表遼陽，金世宗任命其爲武義將軍，充護衛。後官至太子詹事。章宗時歷官山東路統軍使，御史大夫，尚書左丞，平章政事。

[8]丙午朔：本書卷七《世宗紀中》，大定十六年（1176）三月，“丙午朔，日有食之。是日，萬春節，改用明日，宋、高麗、夏遣使來賀”。《西夏書事》卷三八：“金主以月朔日食，命賀節使次日朝見。使人武功大夫骨勒文昌、宣德郎王禹珪同高麗使入賀。”此處誤。左欄與右欄“三月丙午朔”同此。

[9]骨勒文昌：本書僅此一見。　王禹珪：本書僅此一見。

[10]九月癸丑：原本作“癸酉”，據中華點校本改。

[11]完顏覿古速：女真人。本書僅見於卷七、六一、八八。

[12]蔡順禧：累官至太子賓客、樞密院副使。

[13]尚書兵部郎中：尚書兵部屬官。協助兵部尚書掌兵籍、軍器、城隍、鎮戍、厩牧、鋪驛、車輅、儀仗、郡邑圖志、險阻、障塞、遠方歸化等事。從五品。　移剌子元：契丹人。本書事見於卷七、八、六一、八八。《宋史》卷三五《孝宗紀三》淳熙十三年(1186) 十二月作耶律子元。

[14]王珪：《高麗史》卷一〇一有傳。

[15]吴光陟：本書僅此一見。《高麗史》卷一九《明宗世家》稱其官爲將軍。其官職當爲千牛衛將軍。本書誤。施國祁《金史詳校》卷五認爲，“户部尚書”至“陳謝”二十七字，當改入大定十七年格内賀正旦文下。是。　尚書工部侍郎：高麗官名。尚書工部屬官。參掌山澤、工匠、營造之事。正四品。　尹崇誨：人名。《高麗史》卷一九《明宗世家》稱其官爲郎中。《高麗史》卷一九《明宗世家》作“尹宗誨”，蓋因避諱改“宗”爲“崇”。

	宋	夏	高麗
十七年	正月壬寅朔，宋遣試吏部尚書閻蒼舒、江州觀察使李可久等來賀正旦。[1] 三月辛丑朔，宋遣試户部尚書張子正、明州觀察使趙士葆等賀萬春節。[2]	正月壬寅朔，夏武功大夫訛啰德昌、宣德郎楊彦和等賀正旦。[3] 三月辛丑朔，夏武功大夫芭里慶祖、宣德郎梁宇等賀萬春節。[4] 九月丁酉	正月壬寅朔，高麗尚書户部侍郎吴淑夫賀正旦。[5] 二月己亥，高麗遣朝散大夫尚書户部侍郎丁守弼進奉。[6] 三月辛丑朔，高麗遣尚

	宋	夏	高麗
	九月，以殿前右副都點檢完顏習尼烈、提點太醫院兼儀鸞使曹士元爲賀宋生日使。[7] 十一月，以延安尹完顏蒲剌覩、左諫議大夫兼翰林直學士鄭子聃爲賀宋正旦使。[8]	朔，以尚書兵部郎中石抹忽土爲夏生日使。[9] 十月，夏國獻百頭帳，詔不受。 十一月，仁孝再以表上，曰："若不包納，則下國深誠無所展效。"詔許與正旦使同來。 十二月甲午，夏遣東經略使蘇執禮橫進。[10]	書工部侍郎崔光遠賀萬春節。[11] 四月戊子，以滕王府長史徒單烏者爲橫賜高麗使。[12] 十二月戊辰，[13]以宿直將軍僕散懷忠爲高麗生日使。[14]甲午，遣禮賓少卿崔美謝橫賜。[15]

[1]閻蒼舒：本書僅此一見。　李可久：本書僅此一見。

[2]張子正：本書僅此一見。　趙士葆：本書僅此一見。

[3]訛啰德昌：本書僅此一見。　楊彥和：參知政事楊彥敬之弟。

[4]芭里慶祖：殿前太尉芭里昌祖之弟。　梁宇：金吾衛上將軍梁元輔之侄。歷官翰林學士，進御史大夫。

［5］吴淑夫：《高麗史》卷一九《明宗世家》稱其爲將軍。本書僅此一見。

［6］丁守弼：《高麗史》卷一九《明宗世家》稱其爲將軍。本書僅此一見。

［7］完顏習尼烈：女真人。本書僅見於卷七、六一。《宋史》卷三四《孝宗紀二》淳熙四年（1177）十月作完顏忠。　提點太醫院：宣徽院下屬機構太醫院負責人。掌諸醫藥，總判院事。正五品。

［8］延安尹：府官名。延安即延安府，治所在今陝西省延安市。尹即府尹，正三品。　完顏蒲剌覩：女真人。本書僅見於卷七、六一。《宋史》卷三四《孝宗紀》淳熙四年十二月作完顏炳。　左諫議大夫：諫院長官。正四品。　翰林直學士：翰林學士院屬官。掌詞命文字，分判院事，凡應奉文字，銜内帶知制誥。從四品。　鄭子聃：本書卷一二五有傳。

［9］石抹忽土：女真人。本書僅見於卷七、六一。據本書卷七《世宗紀》，此事在九月癸卯。

［10］東經略使：西夏官名。　蘇執禮：人名。

［11］崔光遠：本書僅此一見。《高麗史》卷一九《明宗世家》作“兵部侍郎崔光廷”，官名與人名皆與此不同。

［12］滕王府長史：長史爲諸王府屬官，掌警嚴侍從，總統本府之事。從五品。滕王，封爵名，大定格，《大金集禮》爲次國封號第十三，本書《百官志》爲第十二。　徒單烏者：女真人。本書僅見於卷七、六一。《高麗史》卷一九《明宗世家》作“太府監徒單良臣”，太府監爲其出使時假官，良臣當是其漢名。

［13］十二月：《高麗史》卷一九《明宗世家》，高麗明宗七年（1177）“三月乙巳，吴光陟還自金，言所進玉帶其一乃石乳，非玉。有司奏之，帝曰：‘小國無辨識者，誤以爲玉耳。且人不易物，惟德其物。若復却之，豈禮體耶！’王聞之慚懼，遣郎中朴孝縉表謝乞罪”。本表漏載。《高麗史》卷一九《明宗世家》，是年十一月遣“内侍員外郎崔貞謝賀生辰”，本表漏載。

[14]僕散懷忠：女真人。本書僅見於卷七、六一。

[15]崔美：本書僅此一見。《高麗史》卷一九《明宗世家》稱其爲郎將。按本表行文慣例，此句上當脱“高麗”二字。

	宋	夏	高麗
十八年	正月丙申朔，宋翰林學士錢良臣、嚴州觀察使延璽等賀正旦。[1] 三月乙未朔，宋遣試禮部尚書趙思、宜州觀察使鄭槐等賀萬春節。[2] 九月，以大理卿張九思、殿前左衛將軍宗室崇肅爲賀宋生日使。[3] 十一月，以静難軍節度使烏延查剌、太府監王汝楫爲賀宋正旦使。[4]	正月丙申朔，夏武功大夫恧恧存忠、宣德郎武用和等賀正旦。[5] 三月乙未朔，夏武功大夫嵬名仁顯、宣德郎趙崇道等賀萬春節。[6] 四月己丑，以太子左贊善兼翰林修撰阿不罕德甫爲横賜夏國使。[7] 九月辛未，以侍御史完顔蒲魯虎爲夏生日使。[8] 十二月戊	正月丙申朔，高麗尚書户部侍郎孫應時賀正旦。[9] 二月癸巳，高麗遣吏部侍郎崔孝求進奉。[10] 三月乙未朔，高麗尚書刑部侍郎李仁成等賀萬春節。[11] 十一月丙戌，以東上閤門使左光慶爲賜高麗生日使。[12] 十二月戊午，高麗禮賓少卿奇世謝賜生日。[13]

	宋	夏	高麗
		午，夏遣殿前太尉浪訛元智、翰林學士劉昭謝橫賜。[14]	

[1]錢良臣：松江華亭人。字文魏。紹興進士。累官參知政事，德望甚著，拜資政殿大學士。　嚴州觀察使：宋官名。無職掌，無定員，不駐本州，僅爲武臣寄祿官，高於防禦使而低於承宣使。嚴州治所在今浙江省建德市東。　延璽：本書僅此一見。

[2]趙思：字再可。紹興進士，任鐘離縣主薄。宋孝宗問興復大計，趙思所對合帝意，命守台州。累官起居舍人。　鄭槐：本書僅此一見。

[3]大理卿：大理寺長官。負責審斷天下奏案、詳核疑獄。正四品。　張九思：本書卷九〇有傳。

[4]静難軍節度使：州官名。節度州長官。從三品。静難軍設在邠州，治所在今陝西省彬縣。　烏延查剌：女真人。本書卷八六有傳。《宋史》卷三五《孝宗紀三》淳熙五年（1178）十二月作烏延察。　王汝楫：本書僅此一見。

[5]悪悪存忠：本書僅此一見。　武用和：本書僅此一見。

[6]嵬名仁顯：本書僅此一見。　趙崇道：本書僅此一見。

[7]太子左贊善：東宫屬官。掌贊諭道德，侍從文章。正六品。翰林修撰：翰林學士院屬官。分掌詞命文字，分判院事，凡應奉文字，銜内帶同知制誥。從六品。　阿不罕德甫：本書僅見於卷七、六一、九九。

[8]侍御史：御史臺屬官。掌奏事，判臺事。從五品。　完顏蒲魯虎：女真人。本書僅見於卷七、六一。

[9]孫應時：本書僅此一見。《高麗史》卷一九《明宗世家》稱

其官爲禮部員外郎。

［10］崔孝求：本書僅此一見。《高麗史》卷一九《明宗世家》作“兵部郎中崔孝球”。

［11］李仁成：官至左僕射、同知樞密院事。本書僅此一見。據《高麗史》卷一九《明宗世家》，明宗“八年春正月甲辰，遣將軍盧卓儒如金賀萬春節”。此年賀萬春節者當是盧卓儒，下一欄大定十九年（1179）中“三月己未朔，高麗尚書户部侍郎盧卓儒賀萬春節”當移至此處。

［12］左光慶：本書卷七五有傳。《高麗史》卷二〇《明宗世家》記其官職爲大府大將軍少府監。

［13］奇世：本書僅此一見。《高麗史》卷二〇《明宗世家》作將軍奇世俊，本書此處脱“俊”字。

［14］浪詘元智：本書僅此一見。

	宋	夏	高麗
十九年	正月庚申朔，宋遣户部侍郎宇文价、江州觀察使趙鼒等賀正旦。[1] 三月己未朔，宋龍圖閣學士錢冲之、潭州觀察使劉咨等賀萬春節。[2]	正月庚申朔，夏武功大夫張兼善、宣德郎張希聖等賀正旦。[3] 三月己未朔，夏遣武功大夫來子敬、宣德郎梁介等賀萬春節。[4] 九月戊午，	正月庚申朔，高麗刑部侍郎金節賀正旦。[5] 二月丁巳，高麗尚書吏部侍郎柳得仁進奉。[6] 三月己未朔，高麗尚書户部侍郎盧卓儒賀萬春節。[7]

	宋	夏	高麗
	九月，以左宣徽使蒲察鼎壽、尚書刑部郎中高德裕爲賀宋生日使。[8] 十一月，以御史中丞移剌慥、東上閤門使左光慶爲賀宋正旦使。[9]	以太子左衛率府率裴滿胡剌爲夏生日使。[10]	十一月戊辰，以西上閤門使盧拱爲賜高麗生日使。[11] 十二月壬子，高麗遣朝散大夫禮賓少卿柳得義謝賜生日。[12]

［1］户部侍郎：宋官名。尚書户部屬官。參掌户口、農田、賦役、常平、免役、坊場等事。　宇文价：人名。本書僅此一見。　趙鼒：人名。本書僅此一見。

［2］錢冲之：本書僅此一見。　潭州觀察使：宋官名。無職掌，無定員，不駐本州，僅爲武臣寄禄官，高於防禦使而低於承宣使。潭州治所在今湖南省長沙市。　劉咨：本書僅此一見。

［3］張希聖：本書僅此一見。

［4］來子敬：本書僅此一見。　梁介：後爲祕書少監，歷官南院宣徽使。

［5］金節：本書僅此一見。《高麗史》卷一九《明宗世家》，此年使金賀正旦的是“郎中全諒”。

［6］柳得仁：本書僅此一見。《高麗史》卷二〇《明宗世家》，是年（1179）正月“甲子，遣郎中李俊材如金進方物”。無遣柳得仁之事。此誤。

［7］盧卓儒：本書僅此一見。據《高麗史》卷一九《明宗世家》，明宗“八年春正月甲辰，遣將軍盧卓儒如金賀萬春節”，則盧卓儒賀萬春節當在金大定十八年（1178）。《高麗史》卷二〇《明宗世家》，明宗九年（1179）正月遣“將軍孫碩賀萬春節”。此年賀萬春節者當是孫碩，下一欄大定二十年中“三月癸丑朔，高麗尚書户部侍郎孫碩賀萬春節”當移至此處。

［8］左宣徽使：宣徽院長官。掌朝會燕享、殿庭禮儀及監知御膳。正三品。　蒲察鼎壽：女真人。本名和尚。本書卷一二〇有傳。　尚書刑部郎中：尚書刑部屬官。協助刑部尚書掌律令、刑名、監户、官户、配隸、功賞、捕亡等事。從五品。　高德裕：本書僅見於卷六一、六六。

［9］移剌慥：本名移敵烈。本書卷八九有傳。《宋史》卷三五《孝宗紀三》淳熙六年（1179）十二月作耶律慥。

［10］太子左衛率府率：東宫屬官。掌周衛導從儀仗。從五品。原本“率府”下脱“率”字，據中華點校本補。　裴滿胡剌：本書僅見於卷七、六一。

［11］西上閤門使：宣徽院下屬機構閤門的負責人。掌贊導殿庭禮儀。定員二人，正五品。　盧拱：本書僅見於卷七、六一。《高麗史》卷二〇《明宗世家》作“盧珙”，並稱其官職爲少府監，當是其出使時假官。

［12］柳得義：後官爲權知吏部尚書。

	宋	夏	高麗
二十年	正月甲寅朔，[1]宋試禮部尚書陳峴、宜州觀察使孔異賀正旦。[2]	正月甲寅朔，夏武功大夫安德信、宣德郎吴日休賀正旦。[3]	正月甲寅朔，高麗尚書户部侍郎尹東輔賀正旦。[4] 二月辛亥，

	宋	夏	高麗
	三月癸丑朔，宋試工部尚書傅淇、婺州觀察使王公弼等賀萬春節。[5] 九月，以太府監李佾、尚書左司郎中完顏烏里也爲賀宋生日使。[6] 十一月，以真定尹駙馬都尉徒單守素、左諫議大夫楊伯仁爲賀宋正旦使。[7]	三月癸丑朔，夏武功大夫罔進忠、宣德郎王禹玉賀萬春節。[8] 九月壬戌，以少府少監宗室賽補爲夏生日使。[9] 十二月癸卯，詔有司，夏使入界，如遇當月小盡，限二十五日至都，二十七朝見。丙午，夏遣奏告使御史中丞罔永德、樞密直學士劉昭等入見。[10]	高麗尚書吏部侍郎金鉉公進奉。[11] 三月癸丑朔，高麗尚書户部侍郎孫碩賀萬春節。[12] 四月己亥，以西上閤門使郭喜國爲横賜高麗使。[13] 十一月乙亥，以太常少卿任倜爲高麗生日使。[14] 十二月丙午，高麗禮賓少卿沈晋升謝生日，[15]禮賓少卿王度等謝横賜。[16]

［1］甲寅朔：原本作“庚申朔”，據中華點校本改。右夏、高麗欄同。

［2］陳峴：《宋史》卷三七七有傳。　孔異：本書僅此一見。

［3］安德信：本書僅此一見。　吴日休：本書僅此一見。

［4］尹東輔：本書僅此一見。

［5］傅淇：字元瞻。紹興進士。歷官太府少卿，宗正少卿。卒贈甫田開國縣男。　婺州觀察使：宋官名。無職掌，無定員，不駐本州，僅爲武臣寄禄官，高於防禦使而低於承宣使。　王公弼：本書僅此一見。

［6］李佾：本書僅見於卷七、六一。　完顔烏里也：女真人。本書僅見於卷四六、六一、九一。

［7］真定尹：府官名。真定即真定府，治所在今河北省正定縣。尹即府尹，正三品。　徒單守素：女真人。本書僅見於卷七、六一、一三二。　楊伯仁：本書卷一二五有傳。原本爲“楊仁”，今據中華點校本補“伯”字。

［8］罔進忠：後官至知興慶府，右樞密使。　王禹玉：後官至翰林學士。

［9］少府少監：少府監屬官。協助少府監掌邦國百工營造之事。從五品。原本作“少府監”，且前無“以”字，今據中華點校本補“以”“少”二字。　賽補：本書僅見於卷七、六一。

［10］罔永德：本書僅此一見。

［11］金鉉公：本書僅此一見。

［12］孫碩：後官至樞密院副使、參知政事，封上柱國。本書僅此一見。當移置於大定十九年（1179）。

［13］郭喜國：本書僅見於卷七、六一。《高麗史》卷二〇《明宗世家》稱其官職爲少府監，當是其出使時假官。

［14］太常少卿：太常寺屬官。協助太常卿掌禮樂、郊廟、社稷、祠祀之事。正五品。　任倜：本書僅見於卷七、六一、九七。《高麗史》卷二〇《明宗世家》稱其官職爲太府監，當是其出使時假官。

原本作“太常卿”，今據中華點校本補“少”字。

［15］沈晋升：本書僅此一見。《高麗史》卷二〇《明宗世家》稱其官職爲郎將，且爲沈進升。

［16］王度：後官至樞密院副使、御史大夫。本書僅此一見。《高麗史》卷二〇《明宗世家》稱其出使時官職爲祕書少監。

	宋	夏	高麗
二十一年	正月戊申朔，宋龍圖閣學士葉宏、福州觀察使張詔賀正旦。[1] 三月丁未朔，宋試户部尚書蓋經、閬州觀察使裴良能等賀萬春節。[2] 八月，以殿前右副都點檢宗室胡什賚、尚書左司郎中鄧儼爲賀宋生日使。[3]	正月戊申朔，夏遣武功大夫謀寧好德、宣德郎郝處俊賀正旦。[4] 三月丁未朔，夏武功大夫蘇志純、宣德郎康忠義等賀萬春節。[5] 四月戊辰，以滕王府長史把德固爲横賜夏使。[6] 八月乙丑，以尚書吏部郎中奚胡失海爲夏生日使。[7]	正月戊申朔，高麗尚書禮部侍郎賀正旦。[8] 二月甲辰，高麗尚書吏部侍郎李德基進奉。[9] 三月丁未朔，高麗尚書户部侍郎申寶至賀萬春節。[10]

[1]葉宏：本書僅此一見。　張詔：《宋史》卷四〇二有傳。

[2]蓋經：本書僅此一見。　裴良能：本書僅此一見。

[3]以殿前右副都點檢宗室胡什賚、尚書左司郎中鄧儼爲賀宋生日使：殿前右副都點檢宗室胡什賚，原本脱"都"字，據中華點校本補。胡什賚，女真人。《宋史》卷三五《孝宗紀三》淳熙八年（1181）十月作完顔實。鄧儼，本書卷九七有傳。按《宋史》卷三五《孝宗紀》淳熙八年十二月，"金遣魏貞吉等來賀明年正旦"，本表漏載。

[4]謀寧好德：本書僅此一見。　郝處俊：本書僅此一見。

[5]蘇志純：本書僅此一見。　康忠義：本書僅此一見。

[6]把德固：本書事見於卷八、九、六一、六二。

[7]奚胡失海：本書僅見於卷八、二四、六一。

[8]禮部侍郎：此官名下脱人名。據《高麗史》卷二〇《明宗世家》，高麗明宗十年（1180）十一月"癸亥，遣兵部郎中陳士龍如金賀正"。

[9]李德基：本書僅此一見。《高麗史》卷二〇《明宗世家》，高麗明宗十一年正月"戊午，遣衛尉少卿李輔德如金獻方物"。本表此處誤。

[10]申寶至賀萬春節：申寶至，官至御史中丞、守司空、尚書左僕射，後於高麗明宗二十六年（1196）去世。本書僅此一見。《高麗史》卷二〇《明宗世家》，高麗明宗十一年十一月"癸未，遣將軍崔璉如金謝賀生辰"，當於是年十二月抵金，本表漏載。高麗明宗十二年正月"金遣耶律仲方來賀生辰"，金使出發當在前一年的年底，故當繫於此，本表漏載。

	宋	夏	高麗
二十二年	三月辛未朔，宋使賀萬春節。[1]	三月辛未朔，夏使賀萬春節。[2]	三月辛未朔，高麗使賀萬春節。[3]

	宋	夏	高麗
	九月，以殿前左衛將軍宗室禪赤、翰林直學士吕忠翰爲賀宋生日使。[4] 十一月，[5]以昭毅大將軍吏部尚書孛术魯阿魯罕、中大夫都水監宋中爲賀宋正旦使。[6]	九月乙酉，[7]以尚輦局使僕散曷速罕爲夏生日使。[8]	十一月甲申，[9]以宿直將軍僕散忠佐爲高麗生日使。[10]

[1]宋使賀萬春節：據《宋史》卷三五《孝宗紀三》淳熙八年（1181）十一月，是年使金賀萬春節者爲燕世良。

[2]夏使賀萬春節：據《西夏書事》卷三八，是年（1182）賀萬春節者爲武功大夫高俊英，宣德郎李文政。

[3]高麗使賀萬春節：據《高麗史》卷二〇《明宗世家》，高麗明宗十二年（1182）正月條，是年使金賀萬春節者爲郎中田元均。

[4]禪赤：女真人。本書僅見於卷八、六一。《宋史》卷三五《孝宗紀三》淳熙九年十月作完顔宗回。　吕忠翰：曾中進士第一。本書僅見於卷六一、八三、一二五。

[5]十一月：《宋史》卷三五《孝宗紀三》淳熙八年十月“己酉，遣施師點等使金賀正旦”，本表漏載。

［6］昭毅大將軍：武散官名。正四品中階。　孛术魯阿魯罕：女真人。本書卷九一有傳。《宋史》卷三五《孝宗紀三》淳熙九年（1182）十二月作孛术魯正。原本脱“阿魯”二字，據中華點校本補。　中大夫：文散官。爲從四品中階。　都水監：都水監長官。掌川澤、津梁、舟楫、河渠之事。正四品。　宋中：本書僅見於卷六一、九五。

［7］九月乙酉：按，本書卷八《世宗紀》，大定二十二年（1182）九月戊寅，“尚輦局使僕散曷速罕爲夏國生日使”。

［8］尚輦局使：殿前都點檢司下屬機構尚輦局負責人。掌承奉輿輦等事。從五品。　僕散曷速罕：女真人。本書僅見於卷八、六一。

［9］十一月：《高麗史》卷二〇《明宗世家》，高麗明宗十一年（1181）十一月，遣“金用純賀正”，高麗明宗十二年正月“壬午，遣郎將金光裕如金進方物”。高麗明宗十二年十一月，“癸未，遣將軍安允恭如金謝賀生辰”，抵金當在是年十二月，本表皆漏載。

［10］僕散忠佐：女真人。本書僅見於卷八、六一。《高麗史》卷二〇《明宗世家》作“太府監僕散衎”，僕散衎當是忠佐别名，太府監當是其出使時假官。

	宋	夏	高麗
二十三年	正月丁卯朔，宋試吏部尚書王藺、明州觀察使劉弢賀正旦。[1] 三月丙寅朔，宋試工部	正月丁卯朔，夏武功大夫劉進忠、宣德郎李國安等賀正旦。[2] 三月丙寅朔，夏武功大	正月丁卯朔，高麗尚書禮部侍郎崔永濡賀正旦。[3] 二月甲子，高麗户部侍郎文章煒進奉。[4]

	宋	夏	高麗
	尚書賈選、武奉軍承宣使鄭興裔等賀萬春節。[5] 九月，以同簽大宗正事宗室方、同知宣徽院事劉瑋爲賀宋生日使。[6] 閏十一月，[7]以西京留守宗室婆盧火、尚食局使李溏爲賀宋正旦使。[8]	夫吴德昌、宣德郎劉思忠等賀萬春節。[9] 九月己巳，以宿直將軍完顔斜里虎爲夏生日使。[10]	三月丙寅朔，高麗户部侍郎盧孝敦賀萬春節。[11] 四月癸丑，以大理正紇石烈述列速爲横賜高麗使。[12] 十二月丁亥，高麗使崔孝著朝辭，[13]以詔答王晧。是歲，晧母任氏薨。[14]

［1］王藺：宋廬江人。字謙仲。乾道進士，官至參知政事，樞密使。忌惡太甚，同列多忌之，後以不合去職。　劉弢：本書僅此一見。

［2］劉進忠：本書僅此一見。　李國安：後官至翰林學士、刑部尚書。本書僅見於卷六一、六二。

［3］崔永濡：本書僅此一見。《高麗史》卷二〇《明宗世家》稱其官職爲兵部郎中。

[4]文章煒：本書僅此一見。《高麗史》卷二〇《明宗世家》作“吏部郎中文章偉”。

[5]賈選：本書僅此一見。　鄭興裔：本書僅此卷兩見。

[6]宗室方：女真人。本書卷八〇有傳。　劉瑋：本書卷九五有傳。

[7]閏十一月：原本脱“閏”字，據中華點校本補。

[8]西京留守：西京留守司長官，例兼本府府尹、本路兵馬都總管。正三品。西京，京路名，治所在今山西省大同市。　宗室婆盧火：女真人。本書僅見於卷八、六一。　尚食局使：宣徽院下屬機構尚食局屬官。掌總知御膳，進膳先嘗，兼管從官食。從五品。　李漶：本書僅此一見。

[9]吴德昌：本書僅此一見。　劉思忠：劉進忠之弟。《西夏書事》卷三八稱其“先後奉使不辱君命，國人以爲榮”。

[10]完顔斜里虎：女真人。本書僅見於卷八、六一。

[11]盧孝敦：後官至同知樞密院事。本書僅此一見。《高麗史》卷二〇《明宗世家》稱其出使時官職爲郎將。

[12]大理正：大理寺屬官。協助大理卿掌審斷天下奏案、詳核疑獄。正六品。　紇石烈述列速：女真人。本書僅見於卷八、六一。《高麗史》卷二〇《明宗世家》作：“六月，金遣大理卿訖石烈來賜羊。”

[13]崔孝著：高麗毅宗十四年（1160）中進士第一，後官爲刑部員外郎。據《高麗史》卷二〇《明宗世家》，其出使時官職爲户部員外郎。本書僅此一見。

[14]晧母任氏薨：《高麗史》卷二〇《明宗世家》，高麗明宗十三年（1183）閏十一月，“遣户部員外郎崔孝著如金告哀，將軍李文中謝賀生辰，郎將崔文清賀正，員外郎鄭允當謝賜羊。金恤我有喪，辭遣，故皆至義州而還”。

	宋	夏	高麗
二十四年	正月辛卯朔，宋顯謨閣學士余端禮、宜州觀察使王德顯等賀正旦。[1] 三月庚寅朔，宋試吏部尚書陳居仁、隨州觀察使賀錫來賀萬春節。[2] 八月，以太府監張大節、尚書左司郎中完顔婆盧火爲賀宋生日使。[3] 十一月甲午，詔上京地遠天寒，[4]行人跋涉艱苦，來歲宋國正旦、生日並不須遣使。	正月辛卯朔，夏武功大夫劉執中、宣德郎李昌輔賀正旦。[5] 二月丙戌，[6]以器物局使宗室亶爲橫賜夏國使。[7] 三月庚寅朔，夏武功大夫晁直信、宣德郎王庭彦等賀萬春節。[8] 五月丙申，尚書省奏，夏國王以車駕幸上京，願遣使人賀。[9]上曰："往復萬里，暑雨泥濘，不須遣使。"令諭止之。	二月甲戌，高麗王王晧以母憂未卒哭，請免今年萬春節及進貢。[10]詔以王晧未經起復，不當陳賀，其進貢方物宜令隨明年賀正旦使同來。丙戌，以高麗王晧母喪，遣東上閤門使完顔進兒、翰林修撰郝俣爲勅祭使，[11]西上閤門使大仲尹爲慰問使，[12]虞王府長史永明爲起復使。[13]

	宋	夏	高麗
		八月癸亥，以侍御史遥里特末哥爲夏生日使。[14] 十月丙辰朔，[15]詔上京地遠天寒，行人跋涉艱苦，來歲賀正旦、生日、謝横賜使，權止一年。	十月丙辰朔，詔上京地遠天寒，行人跋涉艱苦，來歲高麗賀正旦、生辰、進奉使，權止一年。其謝勑祭、慰問、起復三番人使，令以後隨朝賀人使同來。[16]

[1]顯謨閣學士：宋官名。爲諸殿閣學士之一，始設於建中靖國元年（1101）。位在寶文閣學士下，出入侍從，備顧問，無具體職掌。　余端禮：《宋史》卷三九八有傳。　王德顯：本書僅此一見。

[2]陳居仁：《宋史》卷四〇六有傳。　賀錫來：本書僅此一見。

[3]張大節：本書卷九七有傳。　完顔婆盧火：女真人。本書僅見於卷八、六一。

[4]上京：京路名。治所在今黑龍江省阿城市白城。

[5]劉執中：本書僅此一見。　李昌輔：後官爲樞密直學士。本書僅見於卷六一、六二。

[6]二月丙戌：原本作"甲戌"，據中華點校本改。

[7]器物局使：殿前都點檢司下屬機構器物局屬官。掌進御器械鞍轡諸物。從五品。　宗室亶：女真人。本書僅見於卷八、六一。

［8］晁直信：本書僅此一見。　王庭彦：本書僅此一見。

［9］遣使入賀：據《西夏書事》卷三八，此次使者爲中書舍人梁宇。

［10］請免今年萬春節及進貢：《高麗史》卷二〇《明宗世家》，高麗明宗十四年（1184）正月，“乙巳，遣員外郎文義赫如金進方物，將軍韓正修賀萬春節。皆至義州而還，以金恤我有喪也”。

［11］完顔進兒：女真人。本書僅見於卷八、六一。《高麗史》卷二〇《明宗世家》稱其官爲太府監，當是假官。　郝俣：本書僅見於卷五、六一、一二五。

［12］大仲尹：本書僅見於卷八、六一。《高麗史》卷二〇《明宗世家》作“大將軍大仲允”。

［13］虞王府長史：長史爲諸王府屬官，掌警嚴侍從，總領本府之事。從五品。虞王，封爵名，大定格，爲次國封號第十一。　永明：女真人。本書僅見於卷八、六一。《高麗史》卷二〇《明宗世家》作完顔三勝。

［14］遥里特末哥：本書僅見於卷八、六一。

［15］十月丙辰朔：按，本書卷八《世宗紀》，大定二十四年（1184）十一月“甲午，詔以上京天寒地遠，宋正旦、生日，高麗、夏生日，並不須遣使，令有司報諭”。左欄宋亦爲“十一月甲午”，似應作“十一月甲午”，右欄高麗同。

［16］“十月丙辰朔”至“權止一年”：《高麗史》卷二〇《明宗世家》，高麗明宗十四年十月，“癸未，金主以謁貞義皇后寢宫于東京，詔停明年賀正旦及賀萬春節等使”。貞義爲貞懿之誤，貞懿皇后爲金世宗生母，晚年出家爲尼，居東京遼陽府清安禪寺，本書卷六四《后妃傳》，大定“二十四年，世宗至東京，幸清安、垂慶寺”，當即此事。而《高麗史》所載停使原因與本書所載不同。

	宋	夏	高麗
二十五年	十一月，以臨潢尹僕散守中、御史中丞馬惠迪爲賀宋正旦使。[1] 十二月，宋遣試禮部尚書王信、明州觀察使吴瓌賀正旦。[2]	十一月丙申，夏國以車駕還京，賀尊安使御史大夫李崇懿、中興尹米崇吉、押進匭匣使李嗣卿等朝見。[3]	十一月壬寅，以尚書禮部員外郎移剌履爲高麗生日使。[4] 十二月戊寅，高麗户部尚書梁翼京、府少監卿崔素謝勅祭，[5]司宰少卿康勇儒謝慰問，[6]禮賓少卿崔仁謝起復。[7]

[1]臨潢尹：府官名。臨潢即臨潢府，治所在今内蒙古自治區巴林左旗林東鎮南波羅城。尹即府尹，正三品。　僕散守中：女真人。本書事見於卷六、八、六一、一三二。　馬惠迪：本書卷九五有傳。

[2]宋遣試禮部尚書王信、明州觀察使吴瓌賀正旦：王信，《宋史》卷四〇〇有傳。《宋史》本傳稱其出使時官爲假禮部尚書。吴瓌，本書僅此一見。按《宋史》卷三五《孝宗紀三》淳熙十一年(1184)“八月庚申，遣章森使金賀正旦”，十月“乙丑，遣王信等賀金主生辰”，“金人牒以上京地寒，來歲正旦、生辰人使權止一年”。淳熙十二年九月“庚寅，遣王信等使金賀正旦”，十一月“壬辰，遣章森等賀金主生辰”。不知爲何將二人使命對調。另，原本作“賀萬

春節”，據中華點校本改。

［3］御史大夫：夏官名。　李崇懿：本書僅此一見。　米崇吉：本書僅此一見。　李嗣卿：本書僅見於卷六一、六二。

［4］尚書禮部員外郎：尚書禮部屬官。協助禮部尚書掌禮樂、祭祀、燕享、學校、貢舉、儀式、制度、符印、表疏、圖書、册命、祥瑞、天文、漏刻、國忌、廟諱、醫卜、釋道、四方使客、諸國進貢、犒勞張設等事。從六品。　移剌履：本書卷九五有傳。《高麗史》卷二〇《明宗世家》稱其爲昭毅大將軍。

［5］梁翼京：本書僅此一見。《高麗史》卷二〇《明宗世家》稱其爲上將軍。據《高麗史》卷一九《明宗世家》，明宗七年（1177）八月“壬午，南路捉賊左道兵馬使梁翼京還。翼京所至貪縱，吏民不堪其苦，咸謂害甚於賊”。梁翼京當是以南路捉賊左道兵馬使的身份參加了平定南部叛亂之役，而凡稱捉賊兵馬使者例爲上將軍，故《高麗史》有此稱呼。而其出使時官職當以本書爲準。　府少監卿：《高麗史》卷二〇《明宗世家》稱其爲郎中。　崔素：本書僅此一見。

［6］康勇儒：本書僅此一見。《高麗史》卷二〇《明宗世家》作“郎將康用儒”。

［7］崔仁：本書僅此一見。《高麗史》卷二〇《明宗世家》稱其爲將軍。曾以南路捉賊左道兵馬使的身份，與右道兵馬使高勇之一同參加了平定南部叛亂之役，而凡稱捉賊兵馬使者例爲上將軍，故《高麗史》有此稱呼。而其出使時官職當以本書爲準。後官至刑部尚書。

	宋	夏	高麗
二十六年	正月庚辰朔，宋使賀正旦。	正月庚辰朔，夏武功大夫麻骨進德、	正月庚辰朔，尚書工部侍郎崔仁請賀

	宋	夏	高麗
	三月己卯朔，宋試户部尚書章森、容州觀察使吴曦等賀萬春節。[1] 八月，以益都尹宗浩、左諫議大夫黄久約爲賀宋生日使。[2] 十一月，以刑部尚書移剌子元、尚書左司郎中馬琪爲賀宋正旦使。[3]	宣德郎劉光國等賀正旦。[4] 三月己卯朔，[5]夏武功大夫麻骨德懋、宣德郎王慶崇等賀萬春節。[6] 八月己丑，以宿直將軍李達可爲夏生日使。[7]	正旦，[8]以宣孝太子未大燒飯，[9]詔權停三日曲宴禮，三國人使各賜在館宴。 二月丁丑，高麗户部侍郎門義赫進奉。[10] 三月己卯朔，高麗禮部侍郎柳公權賀萬春節。[11] 四月壬戌，以客省使李磐爲横賜高麗使。[12] 十二月庚子，[13]高麗禮部侍郎任濡謝横賜，[14]禮賓少卿盧元謝生日。[15]

［1］章森：本書僅此一見。　吴曦：《宋史》卷四七五有傳。

［2］益都尹：府官名。益都即益都府，治所在今山東省青州市。尹即府尹，正三品。　宗浩：女真人。本名老。本書卷九三有傳。原本作“崇浩”，據中華點校本改。　黄久約：本書卷九六有傳。

［3］馬琪：本書卷九五有傳。

［4］麻骨進德：本書僅此一見。　劉光國：本書僅此一見。

［5］己卯朔：《西夏書事》卷三八稱本月朔日日食，金主改用次日。但其載是月丙午朔，夏使於丁未日入見，干支不符。待考。

［6］麻骨德懋：本書僅此一見。　王慶崇：本書僅此一見。

［7］李達可：本書僅見於卷八、六一、一二一。

［8］崔仁請：本書僅此一見。《高麗史》卷二〇《明宗世家》作郎將崔文清。

［9］宣孝太子：女真人。爲金顯宗最初謚號。本書卷一九《世紀補》有傳。　大燒飯：金代女真貴族死後舉行葬禮的俗稱。或作“燒飯禮”，起源於祭祀時焚燒酒食，有的也焚燒鞍馬、衣服等祭品以至殉葬奴婢，祭儀多於朔、望、節辰、忌日舉行。

［10］門義赫：本書僅此一見。《高麗史》卷二〇《朋宗世家》稱“文義赫”。

［11］柳公權：《高麗史》卷九九有傳。《高麗史》卷二〇《明宗世家》稱其官職爲禮賓卿。

［12］李磐：本書事見於卷八、六一、六五、六九。《高麗史》卷二〇《明宗世家》稱其官職爲大理卿。

［13］任濡：《高麗史》卷九五有傳。

［14］十二月：《高麗史》卷二〇《明宗世家》，高麗明宗十六年（1186）“二月庚申，金遣大府監耶律圭來落起複”。高麗明宗十七年正月“己未，金遣昭毅大將軍韓景懋來賀生辰”。金使當於前一年的年底出發，故當繫於此，本書漏載。《高麗史》卷二〇《明宗世家》，高麗明宗十六年十一月，遣“刑部侍郎于述儒如金謝落起複”，與盧孝敦、任濡一同命使，亦當於是年十二月抵金。本表漏載。

[15]盧元：本書僅此一見。《高麗史》卷二〇《明宗世家》作“中郎將盧孝敦”。

	宋	夏	高麗
二十七年	正月癸卯朔，宋遣試刑部尚書李巘、漳州觀察使趙多才賀正旦。[1] 三月癸卯朔，宋遣試兵部尚書張淑春、鄂州觀察使謝卓然等賀萬春節。[2] 九月，以河中尹田彦皐、近侍局使宗室鶻殺虎爲賀宋生日使。[3] 十月乙亥，宋前主殂。 十一月，以殿前左副都點檢崇安、翰	正月癸卯朔，夏武功大夫奚德昭、宣德郎索遵德賀正旦。[4] 三月癸卯朔，夏武功大夫遇忠輔、宣德郎吕昌齡等賀萬春節。[5] 九月己酉，以武器署令斜卯阿土爲夏生日使。[6] 十二月，夏殿前太尉訛羅紹先、樞密直學士嚴立本謝横賜。[7]	正月癸卯朔，高麗司宰少卿崔匡輔賀正旦。[8] 二月辛丑，高麗禮賓少卿車若松進奉。[9] 三月癸卯朔，高麗户部侍郎李公鈞賀萬春節。[10] 十二月庚午，以翰林待制趙可爲高麗生日使。[11] 甲午，高麗禮賓少卿崔存謝賜生日。[12]

	宋	夏	高麗
	林侍講學士兼御史中丞李晏爲賀宋正旦使。[13] 十二月壬午，宋敷文閣學士韋璞、鄂州觀察使姜特立來告哀。[14]		

[1]試刑部尚書：宋官名。尚書刑部長官。掌刑法、獄訟、奏讞、赦宥、叙復等政事。　李巘：本書僅此一見。《宋史》卷三五《孝宗紀三》淳熙十三年（1186）九月作李獻。　漳州觀察使：宋官名。爲武臣寄禄官，高於防禦使而低於承宣使。漳州，治所在今福建省漳州市。　趙多才：本書僅此一見。

[2]試兵部尚書：宋官名。尚書兵部長官。掌儀仗、武舉及厢軍、鄉兵、土兵、蕃兵、邊境少數民族首領官封、承襲等事。　張淑春：《宋史》卷三五《孝宗紀三》淳熙十三年十一月作張淑椿。　謝卓然：本書僅此一見。

[3]河中尹：府官名。河中即河中府，治所在今山西省永濟縣蒲州鎮。尹即府尹，正三品。　田彦皐：本書僅見於卷八、六一。　鶻殺虎：女真人。事見於本書卷三、六一、七〇、七二、七四。

[4]匋德昭：本書僅此一見。　索遵德：本書僅此一見。

[5]遇忠輔：《西夏書事》卷三八稱“野遇忠輔”，並載其官至左

樞密使，爲西夏名臣。考之本書卷六二《交聘表下》，西夏使臣尚有野遇克忠，野遇思文，知《西夏書事》正確，本書脱“野”字。　呂昌齡：本書僅此一見。

[6]武器署令：殿前都點檢司下屬機構武器署屬官。掌朝會、燕享、巡幸及公卿婚葬儀仗旗幟鼓角之事。從六品。　斜卯阿土：女真人。本書僅見於卷八、六一。

[7]訛羅紹先：興慶尹訛羅紹甫兄。

[8]崔匡輔：本書僅此一見。《高麗史》卷二〇《明宗世家》作“郎將崔光甫”。

[9]車若松：《高麗史》卷一〇一有傳。《高麗史》卷二〇《明宗世家》稱其官職爲將軍。

[10]李公鈞：本書僅此一見。《高麗史》卷二〇《明宗世家》作李文中，後仕至參知政事。

[11]趙可：本書卷一二五有傳。《高麗史》卷二〇《明宗世家》，高麗明宗十八年（1188）正月“癸丑，金遣耶律彦拱來賀生辰”。十九年正月僅書“金遣使來賀生辰”，無使者姓名。可知本表將耶律彦拱出使繫於大定二十九年（1189，高麗明宗十九年）是正確的，《高麗史》誤。

[12]崔存：本書僅此一見。

[13]崇安：女真人。一作完顔宗安。撒離喝之子，歷官大宗正丞、大理卿、同判大宗正事、御史大夫。死於撒離喝之獄。　翰林侍講學士：翰林學士院屬官。掌制撰詞命，凡應奉文字，銜内帶知制誥。從三品。　李晏：本書卷九六有傳。

[14]敷文閣學士：宋官名。爲諸殿閣學士之一，始設於紹興十年（1140）。出入侍從，備顧問，無具體執掌。　韋璞：《宋史》卷三六五有傳。　姜特立：《宋史》卷三七〇有傳。原本脱“姜”字，據中華點校本補。

	宋	夏	高麗
二十八年	正月丁酉朔，宋試工部尚書萬鍾、宜州觀察使趙不違賀正旦。[1]是月，以左宣徽使駙馬都尉蒲察克忠、户部尚書劉瑋爲宋弔祭使。[2] 二月，宋試户部尚書顔師魯、福州觀察使高震來進其前主遺留禮物。[3] 三月丁酉朔，宋試户部尚書胡晋臣、鄂州觀察使鄭康孫賀萬春節。[4]	正月丁酉朔，夏武功大夫麻奴紹文、宣德郎安惟敬賀正旦。[5] 三月丁酉朔，夏武功大夫渾進忠、宣德郎鄧昌祖等來賀萬春節。[6] 九月甲午朔，以鷹坊使崇夔爲夏國生日使。[7]	正月丁酉朔，高麗司宰少卿崔迪元賀正旦。[8] 二月乙未，高麗禮賓少卿吉仁進奉。[9] 三月丁酉朔，高麗户部侍郎李禧賀萬春節。[10] 十二月丙寅，以大理正移剌彦拱爲高麗生日使。[11]庚寅，高麗户部侍郎周匡美謝賜生日。[12]

	宋	夏	高麗
	五月甲辰，宋試禮部尚書京鏜、容州觀察使劉端仁來報謝。[13] 九月丙申，以安武軍節度使王克温、近侍局使鶻殺虎爲賀宋生日使。[14] 十一月，以河中尹田彦皐、吏部侍郎移剌仲方爲賀宋正旦使。[15]		

[1]萬鍾：本書僅此一見。　趙不違：本書僅此一見。

[2]蒲察克忠：女真人。本書僅見於卷八、六一。

[3]顔師魯：《宋史》卷三八九有傳。　高震：本書僅此一見。

[4]胡晋臣：《宋史》卷三九一有傳。　鄭康孫：本書僅此一見。

[5]麻奴紹文：本書僅此一見。　安惟敬：本書僅此一見。

[6]鄧昌祖：本書僅見於卷六一、六二。

[7]鷹坊使：殿前都點檢司下屬機構鷹坊屬官。參掌調養御用鷹

鶻。從五品。　崇夔：女真人。本書僅見於卷八、六一。

［8］崔迪元：本書僅此一見。

［9］吉仁：本書僅此一見。

［10］李禧：本書僅此一見。

［11］移剌彦拱：本書僅見於卷八、六一。

［12］周匡美：《高麗史》卷二〇《明宗世家》作朱光美。

［13］京鏜：《宋史》卷三九四有傳。　劉端仁：本書僅此一見。

［14］安武軍節度使：州官名。節度州長官。從三品。安武軍設在冀州，治所在今河北省冀州市。按，原本作“武安軍”，據中華點校本改。　王克温：本書僅見於卷八、六一、九六。

［15］移剌仲方：事見於本書卷十、四九、六一、七三。

	宋	夏	高麗
二十九年	正月壬辰朔，宋顯謨閣學士鄭僑、廣州觀察使張時修等賀正旦。[1]上大漸，宋正旦使遣還。甲辰，遣大理卿王元德等報哀于宋。[2] 二月，宋主内禪，子惇	正月壬辰朔，夏武功大夫紐尚德昌、宣德郎字得賢賀正旦。[3]上大漸，夏使遣還。 三月，夏殿前太尉李元貞、翰林學士餘良來陳慰。[4]	正月壬辰朔，高麗禮賓少卿李尚儒賀正旦。[5]上大漸，高麗使遣還。 六月乙卯，高麗檢校尚書右僕射户部尚書李英搢、檢校工部尚書户部侍郎

	宋	夏	高麗
	嗣立。[6] 四月辛未，宋葛廷瑞、趙不慢來弔祭。[7] 五月壬寅，宋遣羅點、譙熙載來報嗣位。[8]戊午，遣東北路招討使温迪罕速可等使宋賀即位。[9] 閏月庚辰，宋遣沈揆、韓侂胄來賀登位。[10] 六月乙卯，勑有司移報宋天壽節。[11] 七月辛巳，遣刑部尚書完顔守貞等爲賀宋生辰使。[12]	四月，進奉使御史中丞鄒顯忠、樞密直學士李國安入奠。[13] 五月，夏知興中府事迺令思敬、祕書少監梁介賀登位，[14]知中興府事田周臣押進使。 八月丙辰，[15]夏嵬茗彦、劉文慶賀天壽節。[16]	黄清來奏會葬、并祭奠。[17] 七月辛未，高麗檢校太尉鄭存實、殿中監任冲來賀登位。[18] 八月，高麗遣户部尚書崔膺庸賀天壽節。[19] 十二月，[20]高麗禮部侍郎閔湜謝生日，[21]户部侍郎孫衍謝横賜。[22]

	宋	夏	高麗
	八月丙辰，宋遣禮部尚書謝深甫、觀察使趙昂賀天壽節。[23] 十一月辛酉，[24]遣右宣徽使裴滿餘慶等爲賀宋正旦使。[25]		

[1]鄭僑：字惠叔，號回溪。鄭樵之侄，乾道進士第一，以《春秋》侍講東宫。宋寧宗即位，拜參知政事，進知樞密院事，後以觀文殿學士致仕。　廣州觀察使：宋官名。無職掌，無定員，不駐本州，僅爲武臣寄禄官，高於防禦使而低於承宣使。廣州治所在今廣東省廣州市。　張時修：本書僅此一見。

[2]王元德：本書僅見於卷九、六一、一二六。

[3]紐尚德昌：本書卷六一、六二有傳。　字得賢：本書僅此一見。

[4]李元貞：本書僅此一見。　餘良：本書僅此一見。

[5]李尚儒：本書僅此一見。

[6]惇：即宋光宗趙惇，1190年至1194年在位。

[7]葛廷瑞：按《宋史》卷三六《光宗紀》，淳熙十六年(1189)二月乙亥，"遣諸葛廷瑞等使金弔祭"，此處脱"諸"字。　趙不慢：本書僅此一見。

[8]羅點：《宋史》卷三九三有傳。　譙熙載：《宋史》卷四七〇

有傳。

［9］東北路招討使：東北路招討司長官。掌招懷降附，征討携離。正三品。東北路招討司設在泰州，治所在今吉林省洮南市東北雙塔鄉城四家子舊城址。一説在今黑龍江省泰來縣塔子城。金承安三年（1198）移治長春縣，即今吉林省前郭爾羅斯蒙古族自治縣西北塔虎村。　温迪罕速可：女真人。本書僅見於卷九、六一、八七。《宋史》卷三六《光宗紀》淳熙十六年八月作温迪罕肅。

［10］沈揆：本書僅此一見。　韓侂（tuō）冑：《宋史》卷四七四有傳。

［11］天壽節：金章宗生辰。

［12］完顔守貞：女真人。完顔希尹之孫。本書卷七三有傳。《宋史》卷三六《光宗紀》，淳熙十六年九月作完顔守真。

［13］鄒顯忠：後官至御史中丞。　李國安：本書僅見於卷六一、六二。

［14］知興中府事：西夏官名。按，夏無興中府而有中興府，即興慶府。《西夏書事》卷三八作“知興慶府事迺令思敬”。疑此應爲“中興府”。負責都城地區政務。　迺令思敬：本書僅此一見。　祕書少監：西夏官名。　田周臣：本書僅此一見。

［15］八月：據本書卷九《章宗紀一》，是年六月乙卯，“勑有司移報宋、高麗、夏，天壽節于九月一日來賀”。九月，“戊辰，以隆慶宫衛尉把思忠爲夏國生日使”。本表皆漏載。

［16］嵬茖彦：本書僅此一見。　劉文慶：本書僅此一見。

［17］檢校尚書右僕射：高麗官名。尚書右僕射爲尚書省屬官，正二品。檢校官爲由詔除而非正命的一種加官。　李英搢：《高麗史》卷一〇〇有傳。　檢校工部尚書：尚書工部長官。掌修造營建法式、諸作工匠、屯田、山林川澤之禁、江河堤岸、道路橋梁等事。正三品。　黄清：本書僅此一見。

［18］鄭存實：本書僅此一見。　殿中監：高麗官名。　任冲：本書僅此一見。

［19］崔膺庸：本書僅此一見。

［20］十二月：《高麗史》卷二〇《明宗世家》，高麗明宗十九年(1189）三月“己未，金遣使來告喪”，高麗明宗二十年正月，“金遣耶律炳來賀生辰”，二月“金報改元明昌”，金使當於前一年的年底出發，故當繫於此。高麗明宗十九年七月，“遣使進方物”，高麗明宗十九年“十一月壬申，金橫宣使完顏述來”。另，據本書卷九《章宗紀一》，是年六月乙卯，“勑有司移報宋、高麗、夏，天壽節于九月一日來賀”。本表皆漏載。

［21］閔湜：本書僅此一見。

［22］孫衍：本書僅此一見。

［23］謝深甫：《宋史》卷三九四有傳。　趙昂：《宋史》卷二七四有傳。

［24］十一月：《宋史》卷三五《孝宗紀三》，淳熙十五年(1188）十一月，“遣何澹賀金主生辰”，《宋史》卷三六《光宗紀》，淳熙十六年，“金遣張萬公等來致遺留物”，“金遣徒單鎰等來告即位”，皆當繫於是年，本表皆漏載。

［25］裴滿餘慶：女真人。本書僅見於卷九、六一、八八。

金史　卷六二

表第四

交聘表下

	宋	夏	高麗
章宗明昌元年[1]	正月丙辰朔，宋試户部尚書郭德麟、宜州觀察使蔡錫賀正旦。[2] 七月己巳，遣禮部尚書王翛等爲賀宋生辰使。[3] 八月己酉，宋顯謨閣	正月丙辰朔，夏武節大夫唐彦超、宣德郎揚彦直賀正旦。[4]	八月己酉，高麗户部侍郎陳克修[5]及進奉使户部鄭世鬈[6]賀天壽節。

	宋	夏[9]	高麗
	學士丘崈、福州觀察使蔡必勝賀天壽節。[7] 十一月乙卯，遣簽書樞密院事把德固等爲賀宋正旦使。[8]	八月己酉，夏武節大夫拽税守節、宣德郎張仲文賀天壽節，[10]知中興府罔進忠謝横賜。[11]	十二月丁未，[12]高麗户部侍郎盧湜謝生日。[13]

[1]明昌：金章宗年號（1190—1196）。

[2]試户部尚書：宋官名。尚書户部長官。掌户口、農田、賦役、常平、免役、坊場等事。代理、攝守之官稱試。　郭德麟：本書僅此一見。　宜州觀察使：宋官名。無職掌，無定員，不駐本州，僅爲武臣寄禄官，高於防禦使而低於承宣使。宜州治所在今廣西壯族自治區宜州市。　蔡錫：本書僅此一見。

[3]禮部尚書：尚書禮部長官。掌禮樂、祭祀、燕享、學校、貢舉、儀式、制度、符印、表疏、圖書、册命、祥瑞、天文、漏刻、國忌、廟諱、醫卜、釋道、四方使客、諸國進貢、犒勞張設等事。正三品。　王翛：本書卷一〇五有傳。

[4]武節大夫：西夏官名。　唐彦超：本書僅此一見。　宣德郎：西夏官名。　揚彦直：揚彦敬之弟。

[5]户部侍郎：高麗官名。尚書户部屬官。參掌户口、貢賦、錢糧之政。正四品。　陳克修：本書僅此一見。

［6］户部：此下脱官名。高麗進奉使例爲各部侍郎（正四品）或禮賓少卿（從四品）。《高麗史》卷七六《百官志》："文宗定户部判事一人，宰臣兼之；尚書一人，秩正三品；知部事一人，他官兼之；侍郎二人，正四品；郎中二人，正五品；員外郎二人，正六品。"據此可知除侍郎外，户部官品級皆不符合出使標準，鄭世髫官職當爲户部侍郎，此處疑脱"侍郎"二字。　鄭世髫：本書僅此一見。

［7］顯謨閣學士：宋官名。爲諸殿閣學士之一，始設於建中靖國元年（1101），位在寶文閣學士之下。出入侍從，備顧問，無具體職掌。　丘崈：《宋史》卷三九八有傳。　福州觀察使：宋官名。爲武臣寄禄官，高於防禦使而低於承宣使。福州治所在今福建省福州市。　蔡必勝：宋平陽人。字直之。乾道進士，累遷閤門舍人。宋光宗即位，遷知閤門事。爲韓侂胄所嫉，出知廬州，後改吉州刺史。　天壽節：金章宗生辰。

［8］簽書樞密院事：樞密院屬官。參掌武備機密之事。正三品。　把德固：事見於本書卷八、九、六一、六二。

［9］本書卷九《章宗紀一》，明昌元年（1190）五月"丙辰，以鷹坊使移剌寧爲横賜夏國使"。九月"己未，以武衛軍副都指揮使烏林荅謀甲爲夏國生日使"。本表皆漏載。

［10］拽税守節：人名。本書僅此一見。　張仲文：本書僅此一見。

［11］知中興府：西夏官名。據《西夏書事》卷三九，興慶府更名爲中興府在金泰和五年（1205），此處當稱興慶府。　罔進忠：本書僅見於卷六一、六二。

［12］《高麗史》卷二〇《明宗世家》，高麗明宗二十一年（1191）正月"丙寅，金遣完顔克忠來賀生辰"，金使當於明昌元年年底自金出發，故當繫於此，本表漏載。

［13］盧湜：本書僅此一見。

	宋	夏	高麗
二年	正月庚戌朔，宋試吏部尚書蘇山、潭州觀察使劉詢賀正旦。[1]丙寅，遣左副都點檢完顏亶等使宋告哀。[2] 三月丁丑，宋遣試禮部尚書宋之端、嚴州觀察使宋嗣祖爲皇太后弔祭使，[3]太常少卿王叔簡讀祭文。[4] 七月己巳，遣同簽大睦親府事完顏充等爲賀宋生辰使。[5] 八月乙巳，[6]宋試户	正月庚戌朔，夏武節大夫王全忠、宣德郎張思義賀正旦。[7]許使貿易三日。[8] 三月丁巳，夏左金吾衛正將軍李元膺、御史中丞高俊英爲陳慰使。[9] 丁卯，夏進奉使知中興府李嗣卿、樞密直學士永昌奉奠皇太后。[10] 八月乙巳，夏武節大夫孰嵬英、宣德郎焦元昌賀天壽節。[11]	正月庚戌朔，高麗禮賓少卿鄭克温賀正旦。[12] 三月乙亥，高麗檢校尚書右僕射工部尚書韓正修、吏部侍郎崔敦禮奉慰，[13]檢校尚書文得品、禮部侍郎李世長祭奠。[14] 八月乙巳，高麗户部侍郎柳光壽來賀天壽節，[15]户部侍郎宋弘迪進奉。[16] 十二月癸卯，高麗户部侍郎李至純謝賜生日。[17]

	宋	夏[20]	高麗[21]
	部尚書趙廱、婺州觀察使田臯賀天壽節。[18] 十一月丁巳，遣豳王傅完顏宗璧等爲賀宋正旦使。[19]		

［1］試吏部尚書：宋官名。尚書吏部長官。掌文武官員選試、擬注差遣、資任、叙遷、蔭補、考課等政事。　蘇山：本書僅此一見。　潭州觀察使：宋官名。爲武臣寄禄官，高於防禦使而低於承宣使。潭州治所在今湖南省長沙市。　劉詢：本書僅此一見。

［2］左副都點檢：殿前都點檢司屬官。全稱爲殿前左副都點檢，例兼侍衛親軍副都指揮使。掌宫掖及行從。從三品。　完顏亘：女真人。本書僅見於卷九、六二。

［3］試禮部尚書：宋官名。尚書禮部長官。掌有關禮樂、祭祀、朝會、宴饗、學校、貢舉等政令。　宋之端：本書僅此一見。《宋史》卷三六《光宗紀》作"宋之瑞"。　嚴州觀察使：宋官名。爲武臣寄禄官，高於防禦使而低於承宣使。嚴州治所在今浙江省建德市東。　宋嗣祖：本書僅此一見。

［4］太常少卿：宋官名。太常寺副長官。掌禮樂、郊廟、社稷、陵寢等政事。　王叔簡：本書僅此一見。

［5］同簽大睦親府事：原名同簽大宗正府事，泰和六年（1206）因避諱改。以宗室充任，協助判大睦親府事，掌糾率宗屬欽奉王命。正三品。　完顔兖：女真人。本書僅見於卷九、六二、九七。

［6］八月乙巳：原本作“八月丁丑朔”，從中華點校本改。右夏、高麗欄同。

［7］王全忠：本書僅此一見。　張思義：本書僅此一見。“宣德”下原脱“郎”字，從中華點校本補。

［8］許使貿易三日：本書卷九《章宗紀一》：“諭有司，夏國使可令館内貿易一日。尚書省言，故事許貿易三日，從之。”

［9］左金吾衛正將軍：西夏官名。　李元膺：本書僅此一見。　御史中丞：西夏官名。爲御史臺屬官，位次於御史大夫。掌糾察官邪，肅清紀綱。　高俊英：本書僅此一見。

［10］李嗣卿：本書僅見於卷六一、六二。　樞密直學士：西夏官名。樞密院屬官。參掌軍國兵防邊備之事。　永昌：本書僅此一見。

［11］孰嵬英：本書僅此一見。　焦元昌：本書僅此一見。

［12］禮賓少卿：高麗官名。禮賓寺屬官。參掌賓客燕享。從四品。　鄭克温：《高麗史》卷一〇一有傳。

［13］檢校尚書右僕射：高麗官名。爲尚書省屬官，位僅次於尚書令。正二品。檢校是由詔除而非正命的一種加官。原本、殿本皆脱“校”字，從中華點校本補。　工部尚書：高麗官名。尚書工部屬官。參掌山澤、工匠、營造之事。正三品。　韓正修：本書僅此一見。　吏部侍郎：高麗官名。尚書吏部屬官。參掌文選勛封之政。正三品。　崔敦禮：曾官爲高麗朔方道監察御史。

［14］檢校尚書：高麗官名。檢校是由詔除而非正命的一種加官。此未詳爲何部尚書，疑有脱漏。　文得品：《高麗史》卷二〇《明宗世家》作“文得吕”，恐誤。　禮部侍郎：高麗官名。尚

書禮部屬官。參掌禮儀、祭享、朝會、交聘、學校、科舉等政事。正三品。　李世長：本書僅此一見。《高麗史》卷二〇《明宗世家》，高麗明宗二十一年（1191）二月，“遣大將軍韓正修、郎中崔敦禮如金弔喪；大將軍文得吕、司業李世長致祭”，所載官名皆與此異。

[15]柳光壽：本書僅此一見。

[16]宋弘迪：本書僅此一見。

[17]李至純：曾任將軍，隨大將軍崔仁平定南部地區的叛亂。

[18]趙靡：本書僅此一見。　婺州觀察使：宋官名。爲武臣寄禄官，高於防禦使而低於承宣使。婺州治所在今浙江省金華市。田臯：本書僅此一見。

[19]豳王傅：諸親王府屬官。掌師範傅導、參議可否。正四品。豳王，封爵名，大定格，《大金集禮》爲次國封號第七，本書《百官志》爲第六。　完顏宗璧：女真人。曾爲修起居注，後任編修官，參加譯諸經爲女真語的編譯工作。本書事見於卷八、九、六二、九九、一〇五。

[20]據本書卷九《章宗紀一》，明昌二年（1191）正月“丙寅，以左副都點檢亩等報哀于宋、高麗、夏”，九月“丁巳，西上閤門使白琬爲夏國生日使”。本表皆漏載。

[21]據本書卷九《章宗紀一》，明昌二年正月“丙寅，以左副都點檢亩等報哀于宋、高麗、夏”。《高麗史》卷二〇《明宗世家》，高麗明宗二十一年“二月乙未，金遣完顏臣來告皇太后喪”，本表漏載。但二史使臣人名不一，未詳孰是。另，據《高麗史》卷二〇《明宗世家》，高麗明宗二十二年正月，“金遣耨盌温都説來賀生辰”，金使當於前一年的年底出發，故當繫於此。本表漏載。

	宋	夏[5]	高麗[8]
三年	正月乙巳朔，宋焕章閣學士黄申、明州觀察使張宗益賀正旦。[1] 七月辛卯，遣殿前都點檢僕散端等爲賀宋生辰使。[2] 八月，宋工部尚書錢之望、廣州觀察使楊大節賀天壽節。[3] 十一月戊寅，遣右副都點檢温敦忠等爲賀宋正旦使。[4]	正月乙巳朔，夏武節大夫趙好、宣德郎史從禮賀正旦。[6] 八月丁卯，夏武節大夫罔敦信、宣德郎韓伯容賀天壽節。[7]	正月乙巳朔，高麗禮賓少卿洪孝忠賀正旦。[9]八月丁卯，[10]高麗衛尉少卿朴初賀天壽節，[11]祕書少監師威謝横賜，[12]禮賓少卿石城柱進奉。[13] 十二月丁卯，高麗遣户部侍郎丁光叙謝賜生日。[14]

[1]焕章閣學士：宋官名。爲諸殿閣學士之一，始設於淳熙十五年(1188)。出入侍從，備顧問，無具體職掌。　黄申：《宋史》卷四五四有傳。　明州觀察使：宋官名。爲武臣寄禄官，高於防禦使而低於承宣使。明州治所在今浙江省寧波市。　張宗益：本書僅此一見。

［2］殿前都點檢：殿前都點檢司長官，例兼侍衛親軍都指揮使。掌行從宿衛，關防門禁，督攝隊仗，總判司事。正三品。　僕散端：女真人。本名七斤。本書卷一〇一有傳。"宋"上原脱"賀"字，今從中華點校本補。

［3］工部尚書：宋官名。尚書工部長官。掌修築城郭、宫室、道路及修治河渠等事。　錢之望：字表臣。少放達，喜奇計，曾先後向虞允文、張浚獻計。乾道中登進士第，累官知廣州，所至有禦盗功。遷文華閣待制。卒於知廬州。　廣州觀察使：宋官名。爲武臣寄禄官，高於防禦使而低於承宣使。廣州治所在今廣東省廣州市。　楊大節：本書僅此一見。

［4］右副都點檢：殿前都點檢司屬官，全稱爲殿前右副都點檢，例兼侍衛親軍副都指揮使。掌宫掖及行從。從三品。　温敦忠：女真人。本書僅見於卷九、六二。

［5］據本書卷九《章宗紀一》，明昌三年（1192）九月，"以郊社署令唐括合達爲夏國生日使"。本表漏載。

［6］趙好：此處原本作"趙好德郎"。中華點校本據殿本於"德"字前補"宣"字，以趙好爲人名。《西夏書事》卷三八、《西夏紀》卷二五皆於郎字前補"宣德"二字，以此人名作趙好德。未詳孰是。　史從禮：本書僅此一見。

［7］罔敦信：本書僅此一見。　韓伯容：本書僅此一見。

［8］《高麗史》卷二〇《明宗世家》，高麗明宗二十二年（1192）六月"甲寅，金遣横宣使孛术魯至忠來"。高麗明宗二十三年正月"乙酉，金遣禮部侍郎張汝猷來賀生辰"。金使當於前一年年底出發，故當繫於此。本表皆漏載。

［9］洪孝忠：本書僅此一見。

［10］八月丁卯："丁卯"，原本作"辛丑朔"，從中華點校本改。

［11］衛尉少卿：高麗官名。衛尉寺屬官。參掌儀物器械。從四品。　朴初：本書僅此一見。

［12］祕書少監：高麗官名。秘書省屬官。參掌經籍祝疏。從四

品。　師威：本書僅此一見。

[13]石成柱：本書僅此一見。

[14]丁光叙：後仕至樞密院副使。本書僅此一見。

	宋	夏[6]	高麗[14]
四年	正月己巳朔，宋顯謨閣學士鄭汝諧、均州觀察使譙令雍賀正旦。[1] 七月己丑，遣御史中丞董師中等爲賀宋生辰使。[2] 八月辛酉，宋吏部尚書許及之、明州觀察使蔣介賀天壽節。[3] 十一月戊寅，[4]遣翰林直學士完顔匡更名弼，爲賀宋正旦使。[5]	正月己巳朔，夏武節大夫吴哆遂良、宣德郎高崇德賀正旦。[7] 八月辛酉，夏武節大夫龎静師德、宣德郎張崇師賀天壽節，[8]御史中丞迺令思聰謝横賜。[9] 九月，仁孝薨，[10]子純佑立。[11] 十一月壬申，夏御史大夫李元吉、翰林學士李國安來訃告。[12] 十二月甲午朔，夏殿前太尉咩銘友直、副使樞密直學士李昌輔奉遺進禮物。[13]	正月己巳朔，高麗司宰少卿揚淑節賀正旦。[15] 八月辛酉，高麗禮賓少卿蘇良美賀天壽節，[16]吏部侍郎門侯軾進奉。[17] 十二月庚申，高麗户部侍郎陳光卿等謝賜生日。[18]

[1]鄭汝諧：青田人。字舜舉，自號東谷居士。累官徽猷閣待制。著有《東谷易翼傳》《論語意原》《東谷集》。　均州觀察使：宋官名。爲武臣寄禄官，高於防禦使而低於承宣使。均州治所在今湖北省丹江口市。　譙令雍：《宋史》卷四七〇有傳。

[2]御史中丞：御史臺屬官。協助御史大夫掌糾察朝儀，彈劾官邪，勘鞫官府公事，審斷所屬部門理斷不當引起上訴的案件。從三品。　董師中：本書卷九五有傳。

[3]許及之：本書僅此一見。　蔣介：本書僅此一見。

[4]戊寅：原本作“庚寅”，從中華點校本改。

[5]翰林直學士：翰林學士院屬官。掌制撰詞命文字，凡應奉文字，銜内帶知制誥。從四品。　完顔匡：女真人。本名撒速。本書卷九八有傳。《宋史》卷三六《光宗紀》，紹熙四年（1193）十二月作完顔弼。本書卷一〇《章宗紀二》：“命匡權易名弼，以避宋諱。”

[6]據本書卷一〇《章宗紀二》，明昌四年（1193）五月，“以尚厩局使石抹貞爲横賜夏國使”。九月，“以西上閤門使大磐夏國生日使”。十二月，“西上閤門使大磐等爲夏國勅祭慰問使”。本表皆漏載。

[7]吴啄遂良：本書僅此一見。　高崇德：後官至知興慶府，政績卓著，號爲神明。

[8]龐静師德：本書僅此一見。　張崇師：本書僅此一見。

[9]迺令思聰：本書僅本卷兩見。

[10]仁孝：即西夏仁宗，1140年至1193年在位。

[11]純佑：即西夏桓宗，1194年至1206年在位。

[12]李元吉：本書僅本卷兩見。　翰林學士：西夏官名。翰林學士院屬官。　李國安：本書僅見於卷六一、六二。按本書卷一〇《章宗紀二》，明昌四年十一月“庚寅，夏國嗣子李純佑遣使來訃告”，似當作庚寅。

[13]殿前太尉：西夏官名。　咩銘友直：本書僅此一見。　李昌輔：本書僅見於卷六一、六二。施國祁《金史詳校》卷六認爲

“遺下當加‘表’。”

［14］《高麗史》卷二〇《明宗世家》，高麗明宗二十四年（1194）正月“己卯，金遣大理卿紇石烈瑆來賀生辰”。金使當於前一年年底出發，故當繫於此。本表漏載。

［15］司宰少卿：高麗官名。司宰寺屬官。參掌魚梁川澤之政。從四品。　揚淑節：本書僅此一見。

［16］蘇良美：本書僅此一見。

［17］門侯軾：本書僅此一見。

［18］陳光卿：曾任將軍，隨大將軍崔仁平定南部地區的叛亂。本書僅此一見。

	宋	夏	高麗
五年	正月癸亥朔，宋翰林學士倪思、知閤門使王知新賀正旦。[1] 六月戊戌，宋前主眘殂。[2] 七月甲子，宋主禪位于子擴。[3] 八月乙卯，宋試工部尚書梁總、明州觀察使戴勳賀天壽節。[4]	正月癸亥朔，夏武節大夫悪悪世忠、宣德郎劉思問等賀正旦。[5]辛巳，命中憲大夫國子祭酒劉璣、尚書右司郎中烏古論慶裔等充夏國王李純佑封册起復使。[6] 四月壬寅，夏御史中丞浪訛文廣、副使樞密直學士劉俊才、押進知中興府野遇克忠來報謝。[7]	正月癸亥朔，高麗衛尉少卿李居正賀正旦。[8] 八月己丑朔，高麗禮賓少卿權信賀天壽節，[9]太府少監柳澤進奉。[10] 十二月丁巳朔，[11]高麗户部侍郎劉邦氏謝賜生日。[12]

	宋	夏	高麗
	九月壬申，宋顯謨閣學士薛叔似、廣州觀察使謝淵來告哀。[13] 戊寅，以知大興府事尼厖古鑑爲宋弔祭使。[14] 十月庚寅，宋户部尚書林湜、泉州觀察使游恭獻遺留物。[15] 閏十月戊午朔，宋翰林學士鄭湜、廣州觀察使范仲任報即位。[16] 甲戌，以河東南北路提刑使王啓、廣威將軍殿前左副都點檢石抹仲温爲賀宋即位國信使。[17]	八月乙卯，夏武節大夫野遇思文、宣德郎張公輔賀天壽節。[18]	

	宋	夏[20]	高麗
	十一月庚子，以廣威將軍右宣徽使移剌敏、山東東路轉運使高世忠爲賀宋正旦使。[19]		

[1]翰林學士：宋官名。翰林學士院屬官。掌撰制、誥、詔、令等文書。　倪思：《宋史》卷三九八有傳。　知閤門使：宋官名。掌朝會、游幸、宴享贊相禮儀。分東上閤門使與西上閤門使，此不詳何指。　王知新：本書僅此一見。

[2]前主昚：即宋孝宗，1163 年至 1189 年在位。

[3]擴：即宋寧宗，1195 年至 1224 年在位。

[4]梁總：本書僅此一見。　戴勳：本書僅此一見。

[5]惡惡世忠：本書僅此一見。　劉思問：後官至樞密直學士。

[6]中憲大夫：文散官。爲正五品中階。　國子祭酒：國子監長官。掌學校。正四品。　劉璣：本書卷九七有傳。　尚書右司郎中：尚書省右司負責人。掌本司奏事，總察兵、刑、工三部受事付事，兼帶修起居注。正五品。　烏古論慶裔：本書僅見於卷六二、八五、一〇六。

[7]御史中丞："御"，原本作"卸"，據殿本改。　浪訛文廣：本書僅此一見。　劉俊才：本書僅此一見。　野遇克忠：本書僅此一見。

[8]李居正：曾任左正言。

[9]權信：《高麗史》卷九九有傳，《高麗史》卷二〇《明宗世家》，高麗明宗二十四年（1194）三月稱其爲將軍。

[10]太府少監：高麗官名。據《高麗史》卷七六《百官志》，高麗政府機構中職能與金太府監、少府監相同的分别爲大府寺、小府監。大府寺設判事、卿、少卿，小府監設監、少監，無太府少監一職。此處當爲太府少卿，因與小府監或依金朝官制比附而致誤。參掌財貨廩藏，從四品。　柳澤：人名。官至尚書右僕射、翰林學士承旨。《高麗史》卷九九有傳，《高麗史》卷二〇《明宗世家》，高麗明宗二十四年（1194）三月稱其官職爲奉御。

[11]十二月：《高麗史》卷二〇《明宗世家》，高麗明宗二十五年正月"癸卯，金遣李敬義來賀生辰"。金使當於前一年年底出發，故當繫於此。本表漏載。

[12]劉邦氏：本書僅此一見。

[13]薛叔似：《宋史》卷三九七有傳。　謝淵：《宋史》卷二四三有傳。

[14]知大興府事：府官名。帶京朝官銜或試銜者主持府事時稱知府事，簡稱知府。大興府治所在今北京市。　尼厖古鑑：女真人。本名外留。本書卷九五有傳。

[15]林湜：長溪人。字正甫。由富陽縣尉累官爲御史，參劾官員略無回護。後官爲湖北轉運副使，進直龍圖閣，致仕。　游恭：本書僅此一見。

[16]鄭湜：閩縣人。字溥之。乾道進士。宋光宗即位，爲祕書郎。慶元初權直學士院。趙汝愚罷相，鄭草詔，因無貶辭而被免官。後爲刑部侍郎。　范仲任：本書僅此一見。

[17]河東南北路提刑使：河東南北路提刑司長官。掌鎮撫人民，審録重刑。河東南北路提刑司設在汾州，治所在今山西省汾陽縣。　王啓：本書僅見於卷一〇、六二。　廣威將軍：武散官。爲正五品上階。　石抹仲温：女真人。本名老斡。本書卷一〇三有傳。

[18]野遇思文：爲押進知中興府野遇克忠族弟，後官至金吾衛上將軍。　張公輔：官至翰林學士，御史中丞。

[19]右宣徽使：宣徽院屬官。掌朝會、燕享、殿庭禮儀及監知

御膳。正三品。　移剌敏：本書事見於卷一〇、二四、六二、九四。　山東東路轉運使：山東東路轉運司長官。掌稅賦錢穀、倉庫出納及度量之制。正三品。山東東路轉運司設在益都府，治所在今山東省青州市。　高世忠：本書僅此一見。

［20］據本書卷一〇《章宗紀二》，明昌五年（1194）閏十月，“以引進使完顏衷爲夏國生日使”。本表漏載。

	宋	夏[6]	高麗[10]
六年	正月丁亥朔，宋試禮部尚書曾三復賀正旦。[1] 二月癸未，宋焕章閣學士林季友、明州觀察使郭正己報謝。[2] 八月辛未，遣吏部尚書吴鼎樞等爲賀宋生辰使。[3]己卯，宋試吏部尚書汪義端、福州觀察使韓侂胄賀天壽節。[4] 十一月丙申，遣刑部尚書紇石烈貞等爲賀宋正旦使。[5]	正月丁亥朔，夏武節大夫王彦才、宣德郎高大節賀正旦。[7] 三月丙申，夏御史大夫李彦崇、知中興府事郝庭俊謝賜生日。[8] 八月己卯，夏武節大夫宋克忠、宣德郎吴子正賀天壽節。[9]	正月丁亥朔，高麗户部侍郎白存儒賀正旦。[11] 八月己卯，高麗禮部侍郎徐諧賀天壽節，[12]衛尉少卿周元迪謝横賜。[13] 十二月丁丑，高麗尚書户部侍郎孫弘謝賜生日。[14]

[1]曾三復：《宋史》卷四一五有傳。

[2]林季友：本書僅此一見。　郭正己：本書僅此一見。

[3]吏部尚書：尚書吏部長官。掌文武選授、勳封、考課、出給制誥等事。正三品。　吴鼎樞：前此官爲御史中丞。本書僅見於卷九、一〇、六二、九五。

[4]汪義端：《宋史》卷三七《寧宗紀一》慶元元年（1195）六月作汪義瑞。　韓侂胄：《宋史》卷四七四有傳。

[5]刑部尚書：尚書刑部長官。掌律令、刑名、監户、官户、配隸、功賞、捕亡等事。正三品。　紇石烈貞：女真人。後官至中都路兵馬提控、平南撫軍上將軍。本書事見於卷一〇、一二、六二、九八。《宋史》卷三七《寧宗紀一》慶元元年十二月作紇石烈正。

[6]據本書卷一〇《章宗紀二》，明昌六年（1195）九月，"以尚書左司郎中粘割胡土爲夏國生日使"。本表漏載。

[7]王彦才：本書僅此一見。　高大節：本書僅此一見。

[8]李彦崇：本書僅此一見。　郝庭俊：本書僅此一見。

[9]宋克忠：本書僅此一見。　吴子正：本書僅此一見。

[10]《高麗史》卷二〇《明宗世家》，高麗明宗二十六年（1196）正月"丁酉，金遣賈益來賀生辰"。金使當於前一年年底出發，故當繫於此。本表漏載。

[11]白存儒：《高麗史》作白存濡。後官至大將軍、西北面知兵馬事、同知樞密院事。

[12]徐諧：本書僅此一見。

[13]周元迪：本書僅此一見。

[14]孫弘：本書僅此一見。

	宋	夏	高麗
承安元年[1]	正月辛巳朔，宋遣翰林	正月辛巳朔，夏武節大	正月辛巳朔，高麗禮賓

	宋	夏[6]	高麗[10]
	學士黄艾、均州觀察使柳正一賀正旦。[2] 八月甲戌，宋試工部尚書吳宗旦、湖州觀察使張卓賀天壽節。[3] 九月癸未，遣吏部尚書張嗣等爲賀宋生辰使。[4] 十一月甲午，遣陝西路統軍使完顔崇道等爲賀宋正旦使。[5]	夫員元亨、宣德郎元叔等賀正旦。[7] 八月甲戌，[8]夏武節大夫同崇義、宣德郎吕昌邦賀天壽節。[9]	少卿宋譼賀正旦。[11] 八月甲戌，高麗尚書禮部侍郎趙冲賀天壽節，[12]太府監卿劉應舉進奉。[13] 十二月丙午朔，高麗户部侍郎金光當謝賜生日。[14]

［1］承安：金章宗年號（1196—1200）。

［2］黄艾：莆田人。字伯耆。乾道進士。宋光宗朝爲嘉王贊讀，宋寧宗時官爲左司諫、權工部侍郎、侍講學士，官終刑部侍郎。柳正一：本書僅此一見。

［3］吳宗旦：本書僅此一見。　湖州觀察使：宋官名。爲武臣

寄禄官，高於防禦使而低於承宣使。湖州治所在今浙江省湖州市。張卓：本書僅此一見。

[4]張嗣：本書共兩人名張嗣，此人僅見於卷一〇、六二。本書卷四五《刑志》中見張嗣，明昌五年（1194）官居提點司天臺，爲正五品官，不可能在二年之中升至吏部尚書（正三品）。崔文印編《金史人名索引》認作一人，誤。

[5]陝西路統軍使：陝西統軍司長官。掌督領軍馬，鎮攝封陲，分管營衛，視察奸僞。正三品。　完顏崇道：女真人。一作完顏宗道，本名八十。本書卷七三有傳。

[6]據本書卷一〇《章宗紀二》，承安元年（1196）五月，“壬辰，以尚藥局副使粘割忠爲橫賜夏國使”。九月“乙巳，以國子監丞烏古論達吉不爲夏國生日使”。本表皆漏載。

[7]員元亨：本書僅此一見。　元叔：本書僅此一見。

[8]八月：按，本書卷一〇《章宗紀二》，承安元年“九月丁丑朔，天壽節，宋、高麗、夏遣使來賀”。章宗生辰諸國例於九月初一入賀，當以《章宗紀》爲是。

[9]同崇義：本書僅此一見。　吕昌邦：本書僅此一見。

[10]《高麗史》卷二〇《明宗世家》，高麗明宗二十七年（1197）正月“丙子，金遣阿弗罕德剛來賀生辰”。金使當於前一年年底出發，故當繫於此。本表漏載。

[11]宋趯：本書僅此一見。

[12]趙冲：本書僅此一見。

[13]太府監卿：高麗官名。據《高麗史》卷七六《百官志》，高麗大府寺設判事、卿、少卿，無太府監卿一職。此處當爲太府卿，因與小府監或依金朝官制比附而致誤。太府卿參掌財貨廩藏，從三品。　劉應舉：本書僅此一見。

[14]金光當：本書僅此一見。

	宋[1]	夏	高麗
二年	正月乙亥朔，宋焕章閣學士張貴謨、嚴州觀察使郭倪賀正旦。[2]辛丑，宋試禮部尚書趙介、利州觀察使朱龜年以母喪告哀。[3] 八月戊戌，宋試工部尚書衛涇、泉州觀察使陳奕賀天壽節。[4] 九月丁未，遣知歸德府事完顏愈等爲賀宋生辰使。[5]	正月乙亥朔，夏武節大夫嵬茖世安、宣德郎李師廣賀正旦。[6] 八月戊戌，夏武節大夫囉哆守忠、宣德郎王彦國賀天壽節。[7]知中興府事李德冲、樞密直學士劉思問等奏告榷場。[8] 十二月丁酉，[9]夏殿前太尉李嗣卿、知中興府事高德崇謝復榷場。[10]	正月乙亥朔，高麗禮賓少卿牙應卿賀正旦。[11] 八月戊戌，高麗禮部侍郎趙謙賀天壽節，[12]户部侍郎梁元進奉。[13]

［1］《宋史》卷三七《寧宗紀一》，慶元三年（1197）十二月“乙未，金遣奥屯忠孝來賀明年正旦”，本表漏載。

[2]張貴謨：遂昌人。字子智。嘗由進士歷知江山縣。宋光宗時多次上書痛陳時弊，皆被采納。官至朝議大夫，封遂昌縣開國男。郭倪：本書僅見於卷一二、六二。

[3]趙介：本書僅此卷兩見。　利州觀察使：宋官名。爲武臣寄禄官，高於防禦使而低於承宣使。利州治所在今四川省廣元市。　朱龜年：本書僅此卷兩見。按，此條與下一年重出。中華點校本認爲繫於下一年爲是。

[4]衛涇：字清叔，晚號西園居士。淳熙中進士第一，開禧中官至參知政事，參與誅韓侂胄，封秦國公。後爲史彌遠所忌，罷歸。著有《後樂集》。　泉州：宋州名。治所在今福建省泉州市。　陳奕：本書僅此一見。

[5]知歸德府事：府官名。帶京朝官銜或試銜者主持府事時稱知府事，簡稱知府。歸德府治所在今河南省商丘市南。　完顔愈：女真人。本書僅見於卷一〇、六二。

[6]嵬茗世安：西夏宗室。爲官清正，後官至御史大夫。　李師廣：本書僅此一見。

[7]囉哆守忠：本書僅此一見。　王彦國：本書僅此一見。

[8]李德冲：本書僅此一見。　劉思問：本書僅此卷兩見。　榷場：金代對外貿易市場。金在與南宋、西夏、高麗、蒙古的沿邊重鎮設榷場，負責對外貿易，並起政治作用。東勝州等處榷場起着對蒙古羈縻統治的作用，而南方榷場則在對南宋的貿易中獲利極大。

[9]十二月：據本書卷一〇《章宗紀二》，承安二年（1197）九月“丙申，以禮部員外郎蒙括仁本爲夏國生日使”。本表漏載。

[10]高德崇：本書僅此一見。

[11]牙應卿：本書僅此一見。

[12]趙謙：本書僅此一見。

[13]梁元：本書僅此一見。

	宋	夏[8]	高麗[11]
三年	正月己亥朔，[1]宋煥章閣學士曾炎、鄂州觀察使鄭挺賀正旦。[2]乙丑，宋試禮部尚書趙介、利州觀察使朱龜年以宋祖母喪告哀。[3] 八月癸未，宋試刑部尚書湯碩、福州觀察使李汝翼等報謝。[4] 九月丙申，宋顯謨閣學士楊王休、利州觀察使李安禮賀天壽節。[5]遣中都路都轉運使孫鐸等爲賀宋生辰使。[6] 十一月丁未，遣太常卿楊庭筠等爲賀宋正旦使。[7]	正月己亥朔，夏武功大夫隗敏修、宣德郎鐘伯達賀正旦。[9] 八月甲午，夏武節大夫折哆俊乂、宣德郎羅世昌賀天壽節。[10]	三月丙寅，王晧以國讓其弟晫，[12]禮賓少卿趙通來奏告，[13]求封册晫。遣使宣問。 是歲，晧薨，[14]晫嗣立，遣禮賓少卿白汝舟來奏告。[15]

[1]正月己亥朔：據本書卷一一《章宗紀三》，承安三年（1198）“正月己亥朔，日有食之。辛丑，宋、夏遣使來賀”。因日食而改期受賀，本表誤。右西夏欄同。

［2］曾炎：本書僅此一見。　鄂州：宋州名。治所在今湖北省武漢市南。　鄭挺：本書僅此一見。

［3］以宋祖母喪告哀：《宋史》卷三七《寧宗紀一》，慶元四年（1198）三月“乙丑，金遣烏林荅天益來弔祭”，本表漏載。

［4］試刑部尚書：宋官名。尚書刑部長官。掌刑法、獄訟、奏讞、赦宥、叙復等政事。　湯碩：本書僅此一見。　李汝翼：本書僅見於卷一二、六二、九三。

［5］楊王休：原本脱“楊”字，從中華點校本補。楊王休，象山人，字子美。乾道進士。歷官黄岩縣尉，南康軍判官，益利路轉運判官兼提點刑獄，爲宋光宗時四名監司之一。官終刑部侍郎。　李安禮：本書僅此一見。

［6］中都路都轉運使：中都路都轉運司長官。掌税賦錢穀，倉庫出納及度量之制。正三品。中都路都轉運司設在中都，治所在今北京市。　孫鐸：本書卷九九有傳。

［7］太常卿：太常寺長官。掌禮樂、郊廟、社稷、祠祀之事。從三品。　楊庭筠：本書僅見於卷一一、六二。

［8］據本書卷一一《章宗紀》，承安三年（1198）五月，“以客省使移剌郁爲夏國生日使”。本表漏載。又，金賀生日使多於十月命使，唯此與下文承安四年作五月，未詳何故。《西夏書事》卷三九皆繫於十月，未詳何據。

［9］武功大夫：夏官名。　隗敏修：本書僅此一見。　鐘伯達：本書僅此一見。

［10］折哆俊乂：本書僅此一見。　羅世昌：官至南院宣徽使。因勸諫不從而自請去官。知夏國將亡，譜夏國世次二十卷，藏之。

［11］《高麗史》卷二一《神宗世家》，高麗神宗元年（1198）六月，“金遣宣問使大理卿孫俣來”。九月，“遣户部侍郎鄭世冲如金賀天壽節”。表皆不載。但章宗生辰天壽節在九月，此稱九月遣使，誤。《高麗史》卷二一《神宗世家》，高麗神宗元年七月，遣“侍郎鄭邦輔進方物”。二年七月“辛丑，遣鄭邦輔如金進方物”。本皆繫

於金承安四年（1199，即高麗神宗二年）八月。連續兩年派同一人出使且同爲進奉使，殆不可能。疑是《高麗史》重出，應繫於高麗神宗二年七月。

［12］王晧：即高麗明宗。見《高麗史》卷一九至卷二〇。　晫：即高麗神宗。見《高麗史》卷二一。

［13］趙通：後官至將作少監、少府監。《高麗史》卷二一《神宗世家》稱其官職爲考功員外郎。

［14］是歲晧薨：按《高麗史》卷二一《神宗世家》，王晧死於高麗神宗五年，即金泰和二年（1202），非本年。施國祁《金史詳校》卷六認爲“薨”當作“廢”。

［15］白汝舟：《高麗史》卷二一《神宗世家》，高麗神宗元年七月稱其官爲禮部郎中，且稱其使命爲請册封，與本書不同。

	宋	夏	高麗
四年	正月癸巳朔，宋工部尚書馬覺、廣州觀察使鄭藎賀正旦。[1] 八月己丑，[2]宋試工部尚書李大性、泉州觀察使金湯楫賀天壽節。[3]	正月癸巳朔，夏武節大夫李慶源、宣德郎鄧昌祖賀正旦。[4] 八月己丑，夏武節大夫紐尚德昌、宣德郎李公達賀天壽節。[5]殿前太尉迺令思聰、樞	正月丁酉，高麗告哀。[6] 三月，遣使册高麗王王晫。[7] 八月己丑，高麗王晫遣户部侍郎劉元順賀天壽節，[8]户部侍郎

	宋	夏[11]	高麗
	九月己未，遣知東平府事僕散琦等爲賀宋生辰使。[9] 十一月甲寅，遣知濟南府事范楫等爲賀宋正旦使。[10]	密直學士楊德先謝横賜。[12]	鄭邦輔進奉。[13] 十二月乙酉，高麗知樞密院金陟侯、太府卿王儀謝封册。[14]

[1]馬覺：本書僅此一見。　鄭藎：本書僅此一見。

[2]八月己丑：本書卷一一《章宗紀三》，承安四年（1199）“九月庚寅朔，天壽節，宋、高麗、夏遣使來賀”。與本表異。右夏、高麗欄同。

[3]李大性：《宋史》卷三九五有傳。　金湯楫：本書僅此一見。

[4]李慶源：本書僅此一見。　鄧昌祖：本書僅見於卷六一、六二。

[5]紐尚德昌：本書僅此一見。　李公達：本書僅此一見。

[6]正月丁酉，高麗告哀：《高麗史》卷二一《神宗世家》，高麗神宗二年（1199）正月，“遣禮賓卿白元軾如金賀正”。三年正月，“遣禮賓少卿白元軾如金賀正”。本書繫於章宗承安五年（1200，即高麗神宗三年）正月，且稱其官爲禮賓少卿，知《高麗史》此條重出，應以神宗三年爲准。但賀正旦使不可能正月始出

發，《高麗史》繫月有誤。另，王晧未薨，“告哀”爲誤記。

［7］遣使册高麗王王晫：據《高麗史》卷二一《神宗世家》，高麗神宗二年（1199）四月條，金封册使爲大理卿完顔愈、尚書兵部侍郎趙琢。

［8］劉元順：《高麗史》卷二一《神宗世家》，高麗神宗二年九月作劉公順，且稱其官職爲户部侍郎。但金章宗生辰天壽節在八月，《高麗史》作九月遣使，誤。

［9］知東平府事：府官名。帶京朝官銜或試銜者主持府事，時稱知府事，簡稱知府。東平府治所在今山東省東平縣。　僕散琦：女真人。本書僅見於卷一一、六二。

［10］濟南府：治所在今山東省濟南市。　范楫：明昌初，自侍御史升任北京提刑副使，後官至吏部尚書。本書事見於卷一一、一二、四六、六二、九六。

［11］據本書卷一一《章宗紀三》，承安四年（1199）五月，“壬寅，以兵部郎中完顔撒里合爲夏國生日使”，“以宿直將軍徒單仲華爲横賜夏國使”。本表皆漏載。

［12］迺令思聰：本書僅本卷兩見。　楊德先：本書僅此一見。

［13］鄭邦輔：曾爲安東副使，以參知政事致仕，卒於高麗高宗十二年（1225）。本書僅此一見。

［14］知樞密院：高麗官名。樞密院屬官。全稱爲知樞密院事。參掌出納宿衛軍機之政。從二品。　金陟侯：曾任將軍，隨大將軍崔仁平定南部地區的叛亂，後仕至知御史臺事。《高麗史》卷二一《神宗世家》，高麗神宗二年七月稱其官爲大將軍。　太府卿：高麗官名。太府寺屬官。參掌財貨廪藏之事。從三品。　王儀：人名。《高麗史》卷二一《神宗世家》，高麗神宗二年七月稱其官爲禮部侍郎。

	宋	夏	高麗[13]
五年	正月戊子朔，宋焕章閣學士朱致知、福州觀察使李師摯賀正旦。[1] 八月壬子，[2]宋户部尚書趙善義、鄂州觀察使厲仲詳賀天壽節。[3]是月，宋前主惇殂。[4] 十月庚子，宋試刑部尚書吴旰、利州觀察使林可大來告母喪。[5] 十一月己巳，宋焕章閣學士李寅仲、福州觀察使張良顯來告前主喪。[6]乙卯，遣工部尚書烏古	正月戊子朔，[7]夏武節大夫連都敦信、宣德郎丁師周賀正旦，[8]附奏爲母疾求醫。詔遣太醫時德元、王利貞往診治，[9]仍以御劑藥賜焉。[10] 八月壬子，[11]夏武節大夫連都敦信、宣德郎丁師周賀天壽節，南院宣徽使劉忠亮、知中興府高永昌來謝恩。[12]	正月戊子朔，高麗禮賓少卿白元軾來賀正旦。[14] 八月壬子，高麗户部侍郎池資深賀天壽節，[15]户部侍郎申周錫等進奉。[16]

	宋[17]	夏	高麗
	論誼等爲宋弔祭使。[18] 辛未，遣殿前右副點檢紇石烈忠定等爲賀宋正旦使。[19] 十二月癸未，遣河南路統軍使完顏充等爲宋弔祭使。[20]		

[1]朱致知：本書僅見於卷六二、九三、九八。　李師摯：本書僅此一見。

[2]八月壬子：本書卷一一《章宗紀三》繫於九月甲寅朔。右夏、高麗欄同。

[3]趙善義：本書僅此一見。　厲仲詳：本書僅此一見。

[4]宋前主惇：即宋光宗，1190年至1194年在位。

[5]吴旰：本書僅此一見。　林可大：本書僅此一見。

[6]李寅仲：本書僅此一見。　張良顯：本書僅此一見。

[7]正月戊子朔：原本、殿本皆脱"朔"字，今從中華點校本補。

[8]連都敦信：本書僅此一見。　丁師周：本書僅此一見。

[9]時德元：本書僅見於卷六二、一三四。　王利貞：本書僅見於卷六二、一三四。

[10]仍以御劑藥賜焉：據本書卷一三四《夏國傳》，是年（1200）八月，再賜夏藥，但不知是否有出使之人。《西夏紀》卷二六據此而書，但稱本書《章宗紀》，誤。本書卷一一《章宗紀三》，

承安五年（1200）十月，“以宿直將軍完顔觀音奴爲夏國生日使”。本表漏載。

［11］八月壬子：本書卷一一《章宗紀三》繫於九月甲寅朔。此處使臣與是年賀正旦使重，疑誤。

［12］南院宣徽使：西夏官名。宣徽院長官。　劉忠亮：《西夏書事》卷三九稱其“質直端重，有大臣體。鎮夷郡王安全漸干政，忠亮正色立朝，臨事是非不稍回折。安全誘以甘言，忠亮曰：‘是餌吾也。’終不顧。先安全篡一年卒。臨終謂子思義曰：‘吾不能爲國紓難，負恩多矣，宜布衣入棺，以志吾恨。’思義遵遺命，亦復不仕”。高永昌：本書共兩人名高永昌，此人僅此一見。

［13］《高麗史》卷二一《神宗世家》，高麗神宗三年（1200）十一月“辛巳，金遣禮部侍郎劉公憲來賀生辰”。本表漏載。

［14］白元軾：本書僅此一見。

［15］池資深：本書僅此一見。

［16］申周錫：本書僅此一見。

［17］《宋史》卷三七《寧宗紀一》，慶元六年（1200）九月“丙子，遣丁常任金國遺留國信使”。十二月，“遣盧儔使金報謝”。本表漏載。

［18］工部尚書：尚書工部長官。掌修造營建法式、諸作工匠、屯田、山林川澤之禁、江河堤岸、道路橋梁等事。正三品。　烏古論誼：女真人。又作烏古論雄名。本書卷一二〇有傳。　爲宋弔祭使：原本無“爲”字，據殿本補。

［19］殿前右副點檢：疑“點”上脱“都”字。另，“宋”上原脱“賀”字，從中華點校本補。　紇石烈忠定：女真人。本書僅見於卷一一、六二。

［20］河南路統軍使：河南統軍司長官。掌督領軍馬，鎮攝封陲，分管營衛，視察奸僞。正三品。　完顔充：“充”，原本作“兖”，從中華點校本改。完顔充，女真人。累官陝西統軍使，陝西五路兵馬都統使，元帥右監軍。

	宋	夏	高麗[11]
泰和元年[1]	正月壬子朔，宋寶謨閣學士林桷、利州觀察使王康成賀正旦。[2]壬戌，宋試工部尚書丁常任、嚴州觀察使郭倓進遺留物。[3] 三月乙亥，宋試刑部尚書虞儔、泉州觀察使張仲舒等來報謝。[4] 八月丙申，宋試户部尚書俞烈、福州觀察使李言等報謝。[5]丙申，[6]宋遣試吏部尚書陳宗召、廣州觀察使竇夔賀天壽節。[7]	正月壬子朔，夏武節大夫卧德忠、宣德郎劉筠國賀正旦。[8] 三月乙丑，夏左金吾衛上將軍野遇思文、知中興府田文徽等來謝恩。[9] 八月戊寅朔，夏武節大夫柔思義、宣德郎焦思元等賀天壽節。[10]	正月壬子朔，高麗禮賓少卿李惟卿賀正旦。[12] 八月，高麗户部侍郎鄭公順賀天壽節，[13]禮賓少卿趙淑進奉，[14]衛尉卿秦彦匡謝賜生日。[15] 十二月乙巳，高麗禮賓少卿崔南敷進奉。[16]

	宋	夏	高麗
	九月戊申，遣右宣徽使徒單懷忠等爲宋生辰使。[17] 十一月庚申，遣殿前右衛將軍紇石烈七斤等爲賀宋正旦使。[18]		

[1]泰和：金章宗年號（1201—1208）。

[2]寶謨閣學士：宋官名。爲諸殿閣學士之一，始設於嘉泰二年（1202）。出入侍從，備顧問，無具體職掌。原本脱“寶”字，據殿本補。　林桷：長溪人。字子長，一字景安。紹興進士，官至右司郎中。著有《横堂小集》。“桷”，原本作“桶”，中華點校本據《宋史》卷三七《寧宗紀》改。今從之。　王康成：本書僅此一見。

[3]丁常任：本書僅此一見。　郭倓：本書僅此一見。

[4]虞儔：本書僅此一見。　張仲舒：本書僅此一見。

[5]俞烈：臨安人。字若晦，號盤隱居士。熙寧進士。宋光宗時以祕書郎出守嘉興，後歷官司封郎官，知慶元府事，知鎮江府事，權吏部侍郎兼中書舍人。　李言：本書僅此一見。

[6]丙申：與上一條干支重複。按，本書卷一一《章宗紀三》，泰和元年（1201）“九月戊申朔，天壽節，宋、高麗、夏遣使來賀”，與此處所載進賀時間有差異。中華點校本疑此“丙申”當作“丙午”。

[7]陳宗召：本書僅此一見。　竇夔：本書僅此一見。

[8]卧德忠：本書僅此一見。　劉筠國：本書僅此一見。

[9]田文徽：本書僅此卷兩見。

[10]夏武節大夫柔思義、宣德郎焦思元等賀天壽節：本書卷一一《章宗紀三》，泰和元年（1201）十月“以刑部員外郎完顔綱爲夏國生日使”。本表漏載。柔思義、焦思元均爲夏官，本書僅此一見。

[11]《高麗史》卷二一《神宗世家》，高麗神宗三年（1200）六月“壬辰，金遣吏部侍郎劉頍來賜羊”，七月，“遣工部侍郎太守正如金謝横宣”，十二月“丁丑朔，金遣工部侍郎納合鉉來賀生辰”。本表皆漏載。

[12]李惟卿：本書僅此一見。

[13]鄭公順：本書僅此一見。《高麗史》卷二一《神宗世家》，高麗神宗三年九月稱其官爲吏部侍郎，但繫於九月，誤。

[14]趙淑：《高麗史》卷二一《神宗世家》，高麗神宗三年稱其官職爲禮賓卿。

[15]秦彦匡：本書僅此一見。

[16]崔南敷：本書僅此一見。

[17]徒單懷忠：女真人。曾爲近侍局使，後官至同判大睦親府事。按，殿本於“宋生辰使”上有“賀”字。

[18]殿前右衛將軍：殿前都點檢司屬官。掌宫禁及行從宿衛警嚴，總領護衛。　紇石烈七斤：女真人。另見於卷一一、六二。《宋史》卷三八《寧宗紀二》宋嘉泰元年（1201）十二月作紇石烈真。

	宋	夏	高麗
二年	正月丁未朔，宋焕章閣學士李景和、福州觀察使陳有功賀正旦。[1]	正月丁未朔，夏武節大夫白克忠、宣德郎蘇夤孫賀正旦。[2] 八月庚	正月丁未朔，高麗司宰少卿門孝軾賀正旦。[3] 八月庚子，高麗户部

	宋	夏[9]	高麗[12]
	八月庚子，[4]宋試工部尚書趙不艱、鄂州觀察使黄卓然賀天壽節。[5] 九月丙辰，[6]以完顔瑭、張行簡爲賀宋生日使。[7] 十二月癸酉，遣武安軍節度使徒單公弼等爲賀宋正旦使。[8]	子，夏武節大夫天籍辣忠毅、宣德郎王安道賀天壽節，[10]殿前太尉李建德、知中興府事楊紹直等謝横賜。[11]	侍郎史洪祐賀天壽節，[13]禮賓少卿韓氏謝賜生日。[14] 閏十二月己巳，高麗禮賓少卿宋弘烈進奉。[15]

[1]李景和：本書僅此一見。　陳有功：本書僅此一見。

[2]白克忠：本書僅此一見。　蘇賁孫：本書僅本卷兩見。

[3]門孝軾：本書僅此一見。

[4]八月庚子：本書卷一一《章宗紀三》作九月壬寅朔。與此異。

[5]趙不艱：本書僅此一見。　黄卓然：本書僅此一見。

[6]九月丙辰：原本脱“九月”二字，今據中華點校本補。另，本書卷一一《章宗紀三》繫於甲寅日。

[7]完顏瑭：女真人。此時官爲拱衛直都指揮使。本書僅見於卷一一、六二、一〇六。　張行簡：本書卷一〇六有傳。依例皆冠以官職，此闕。

[8]武安軍節度使：州官名。節度州長官。掌鎮撫諸軍防刺，總判本鎮兵馬之事，兼本州管内觀察使。正三品。　徒單公弼：女真人。本名習烈。本書卷一二〇有傳。按，原本脱"徒單"二字，今從中華點校本補。

[9]本書卷一一《章宗紀三》，泰和二年（1202）十月，"以宿直將軍紇石烈毅爲夏國生日使，瀛王府司馬獨吉温爲横賜使"。本表漏載。

[10]天籍辣忠毅：《西夏書事》卷三九與《西夏紀》卷二六皆作籍辣忠毅。　王安道：本書僅此一見。

[11]李建德：本書僅此一見。　楊紹直：本書僅此一見。

[12]《高麗史》卷二一《神宗世家》，高麗神宗五年（1202）十一月"己巳，金遣户部侍郎李仲元來賀生辰"。本表漏載。

[13]史洪祐：《高麗史》卷二一《神宗世家》，高麗神宗五年七月作"史祐"。

[14]韓氐：《高麗史》卷二一《神宗世家》，高麗神宗五年七月作"將軍韓祗"。

[15]宋弘烈：本書僅此一見。

	宋	夏	高麗
三年	正月辛未朔，宋試吏部尚書魯誼、利州觀察使王處久賀正旦。[1] 八月甲子，[2]	正月辛未朔，夏武節大夫崔元佐、宣德郎劉彦輔賀正旦。[3] 八月甲子，	正月辛未朔。[4]高麗户部侍郎郭公儀賀天壽節，[5]禮賓少卿師公直謝賜生日。[6]

	宋	夏	高麗[11]
	宋試禮部尚書劉甲、泉州觀察使郭倬賀天壽節。[7] 九月壬申，遣刑部尚書承暉等爲賀宋生辰使。[8] 十一月辛未，遣簽樞密院事獨吉思忠等爲賀宋正旦使。[9]	夏武節大夫㲋德元、宣德郎高大亨賀天壽節。[10]	十二月癸亥，高麗禮賓少卿林德元進奉。[12] 是歲，王晫薨，子韺嗣位。[13]

［1］魯誼：四庫全書本、五洲同文書局本《宋史》卷三八《寧宗紀二》嘉泰二年（1202）十月作魯誼，中華點校本作誼。　王處久：本書僅見於卷六二、七八。

［2］八月甲子：原本脱"八月"二字，據中華點校本補。另，本書卷一一《章宗紀三》作九月丙寅朔。

［3］崔元佐：本書僅此一見。　劉彦輔：本書僅此一見。

［4］正月辛未朔：按本書卷九《章宗紀一》，"勑有司移報宋、高麗、夏，天壽節於九月一日來賀"，則郭公儀賀天壽節必不在正月。《高麗史》卷二一《神宗世家》載郭公儀出發是在高麗神宗六年（1203，即金泰和三年）七月，本書卷一一《章宗紀三》泰和三年"九月丙寅朔，天壽節，宋、高麗、夏遣使來賀"，其入賀當在是時。

另，本書卷一一《章宗紀三》泰和三年“春正月辛未朔，宋、高麗、夏遣使來賀”。此下脱賀正旦使官階、姓名。

［5］郭公儀：《高麗史》卷二一《神宗世家》，高麗神宗六年七月作“左司郎中郭公義”。

［6］師公直：《高麗史》卷二一《神宗世家》，高麗神宗六年七月作“將軍尹公直”。

［7］劉甲：《宋史》卷三九七有傳。　郭倬：本書見於卷一二、六二、九三、一一三。

［8］承暉：女真人。姓完顔氏，本名福興。本書卷一〇一有傳。《宋史》卷三八《寧宗紀二》嘉泰二年（1202）十二月作完顔奕。

［9］簽樞密院事：據本書卷九三《獨吉思忠傳》，“累遷同簽樞密院事”，此處脱“同”字。同簽樞密院事爲樞密院屬官，參掌武備機密之事。正四品。　獨吉思忠：女真人。一作獨吉永中，本名千家奴。本書卷九三有傳。

［10］奚德元：本書僅此一見。　高大亨：與兄大節、大倫皆出使金國，金人稱之爲“三俊”。

［11］《高麗史》卷二一《神宗世家》，高麗神宗六年十一月“壬辰，金遣兵部侍郎尹孝來賀生辰”。本表漏載。

［12］林德元：本書僅此一見。

［13］韺：即高麗熙宗。見《高麗史》卷二一《熙宗世家》。按，《高麗史》卷二一《神宗世家》，“神宗靖孝大王諱晫，古諱旼，字至華。仁宗第五子，明宗母弟。……明宗二十七年九月癸亥，崔忠獻廢明宗，迎王，即位于大觀殿”。《高麗史》卷二一《熙宗世家》，“熙宗成孝大王諱韺，字不陂，古諱悳。神宗長子。……七年正月己巳，受内禪即位。丁丑，神宗薨。二月庚申，葬于陽陵。遣郎中任永齡如金告哀”。高麗神宗王晫死於七年，即金泰和四年。本表泰和四年欄，“三月庚寅，禮部侍郎王永齡來告哀”，即報神宗去世，唯使臣姓氏與《高麗史》異。

	宋	夏	高麗
四年	正月乙丑朔，宋試吏部尚書張孝曾、容州觀察使林伯成賀正旦。[1]丁丑，張孝曾回至慶都縣卒，[2]賻贈絹、布各二百二十疋，差防禦使女奚烈元充勅祭使，[3]館伴使張雲護送以還。[4] 八月癸丑，[5]宋試禮部尚書張嗣古、廣州觀察使陳渙賀天壽節。[6]乙卯，遣知真定府事完顔昌等爲賀宋生辰使。[7]	正月乙丑朔，夏武節大夫梅訛宇文、宣德郎韓師正賀正旦。[8] 八月癸丑，夏武節大夫李德廣、宣德郎韓承慶賀天壽節。[9]	正月乙丑朔，高麗司宰少卿李延壽賀正旦。[10] 三月庚寅，禮部侍郎王永齡來告哀。[11] 八月癸丑，高麗國王禶遣户部侍郎曹光壽賀天壽節，[12]户部侍郎李儆謝賜生日。[13] 十二月丁巳，高麗禮賓少卿姜植材進奉，[14]司宰少卿車富民謝横賜，[15]户部尚書金慶夫、禮部侍郎崔克遇謝勅祭，[16]衛尉少卿門存謝

	宋	夏[19]	高麗[20]
	十一月丁卯，遣殿前右副都點檢烏林荅毅等爲宋正旦使。[17]癸未，寶鷄、郿縣諸社屢被宋抄掠。[18]		慰問，[21]禮賓少卿黄孝卿謝起復。[22]

［1］張孝曾：本書僅此一見。　容州：宋州名。治所在今廣西壯族自治區容縣。　林伯成：本書僅此一見。

［2］慶都縣：治所在今河北省望都縣。

［3］防禦使：州官名。防禦州長官。掌防捍不虞，禦制盜賊，總判州事。從四品。　女奚烈元：女真人。本書僅見於卷一二、六二。

［4］館伴使：原本作“管伴使”，從中華點校本改。另，本書卷一二《章宗紀四》作“遂伴使”。　張雲：本書僅見於卷一二、六二。

［5］八月癸丑：“癸丑”，原本作“己丑”，從中華點校本改。另，本書卷一二《章宗紀四》作九月庚申朔。與此異。右夏、高麗欄同。

［6］張嗣古：本書僅此一見。　陳涣：本書僅此一見。

［7］知真定府事：府官名。帶京朝官銜或試銜者主持府事時稱知府事，簡稱知府。真定府治所在今河北省正定縣。　完顏昌：女真人。本書僅見於卷一二、六二。

［8］梅詵宇文：本書僅此一見。　韓師正：本書僅此一見。

［9］李德廣：本書僅此一見。　韓承慶：本書僅此一見。

［10］李延壽：累官太尉、門下侍郎、同中書門下平章事、判吏部事、守太保、參知政事，卒於高麗高宗十四年（1227）。

［11］王永齡：《高麗史》卷二一《熙宗世家》，高麗神宗七年（1204）二月，“遣郎中任永齡如金告喪”。

［12］曹光壽：本書僅此一見。

[13]李儆：仕至樞密院使，高麗高宗八年（1221）去世。

[14]姜植材：本書僅此一見。

[15]車富民：本書僅此一見。

[16]户部尚書：高麗官名。尚書户部屬官。參掌户口、貢賦、錢糧之政。正三品。　金慶夫：曾任將軍，隨大將軍崔仁平定南部地區的叛亂，爲敵軍所敗。《高麗史》卷二一《熙宗世家》，高麗神宗七年八月稱其出使時官職爲將軍。此處所記或爲其出使時假官。　崔克遇：《高麗史》卷二一《熙宗世家》，高麗神宗七年作“崔光遇”。

[17]烏林荅毅：女真人。本書僅見於卷一二、六二。

[18]寶鷄：縣名。治所在今陝西省寶鷄市。　郿縣：治所在今陝西省眉縣。

[19]本書卷一二《章宗紀四》，泰和四年（1204）十月，“以提點尚衣局完顔燮爲夏國生日使”。本表漏載。

[20]《高麗史》卷二一《熙宗世家》，高麗神宗七年（1204）“六月己亥，金遣祭奠使小府監張僩、大理少卿梅瓊，慰問使工部侍郎石慤，起復使吏部侍郎术甲晦等來”，七月，“金遣横宣使兵部侍郎完顔立來”。本表皆漏載。

[21]門存：本書僅此一見。

[22]黄孝卿：本書僅此一見。

	宋	夏	高麗
五年	正月己未朔，宋試吏部尚書鄧友龍、利州觀察使皇甫斌賀正旦。[1]庚申，宋兵入遂平縣，[2]縱掠，出獄	正月己未朔，夏武功大夫遇惟德、宣德郎高大倫賀正旦。[3]	正月己未朔，高麗司宰少卿林仁碩賀正旦。[4]

	宋	夏	高麗
	囚，火官舍，害令尉而去。[5] 二月己酉，宋兵掠泌陽，[6]剽巡檢家貲，[7]害其家人。 三月戊午朔，宋兵焚平氏鎮，[8]剽民財。庚午，宋兵掠鄧州白亭巡檢家貲，持其印去。辛巳，宋兵犯鞏州來遠鎮。丁亥，唐州獲宋諜，言韓侂胄屯兵鄂州，將謀北侵。[9] 四月，命樞密院移文宋人，[10]依誓約，撤新兵，毋縱入境。 五月甲子，平章政事僕散揆宣撫河南，[11]籍諸道兵備宋。宣撫司移	閏八月辛巳，[12]夏武節大夫趙公良、宣德郎米元懿賀天壽節，[13]殿前太尉迺來思總、知中興府通判劉俊德來謝橫賜。[14]	閏八月辛巳，高麗司宰少卿崔義賀天壽節。[15] 十一月辛巳，高麗衛尉卿吴應天進奉。[16]

	宋	夏	高麗
	文宋三省樞密，[17]問用兵之故，宋以鐫諭邊臣爲辭。乃罷宣撫司，僕散揆還京師。 甲申，宋楚州安撫使戚拱遣其將高顯以兵五百人破漣水縣。[18] 閏八月辛巳，宋試吏部尚書李璧、廣州觀察使林仲虎賀天壽節。[19] 九月甲申，遣河南路統軍使紇石烈子仁等爲賀宋生辰使。[20] 十一月乙酉，宋兵入内鄉。[21]己丑，遣太常卿趙之傑等爲賀宋正旦使。[22]		

	宋	夏	高麗
	十二月，宋吴曦擁衆興元，[23]欲窺關、隴。[24]皇甫斌擾淮北。[25]		

[1]鄧友龍：本書僅見於卷六二、九三。　皇甫斌：本書事見於卷一二、六二、一一三、一二一。

[2]遂平縣：治所在今河南省遂平縣。

[3]遇惟德：《西夏書事》卷三九作野遇惟德。本卷上文見野遇克忠、野遇思文，野遇爲西夏大族，當爲野遇。　高大倫：本書僅此一見。

[4]林仁碩：本書僅此一見。

[5]令尉：指縣令與縣尉。縣令爲一縣之長，掌養百姓，宣導風化，按察所部，勸課農桑，平理獄訟，捕除盜賊，禁止游惰，兼管常平倉及通檢推排簿籍。大縣正七品，小縣從七品。縣尉爲縣令之佐，正九品。

[6]泌陽：治所在今河南省唐河縣。

[7]巡檢：負責地方治安。不加"使"字者爲散巡檢。正九品。

[8]平氏鎮：治所在今河南省桐柏縣西北。

[9]"庚午宋兵掠鄧州白亭巡檢家貲"至"將謀北侵"：此段文字原誤繫下文四月條之末。今據中華點校本移置此處。鄧州，治所在今河南省鄧州市。白亭，地名。應在平氏鎮附近，即今河南省桐柏縣境内。鞏州，治所在今甘肅省隴西縣。來遠鎮，在今甘肅省武山縣西南三十里灘歌鄉。唐州，治所在今河南省唐河縣。鄂州，治所在今湖北省武漢市南。

[10]樞密院：官署名。爲金最高軍事機構，掌軍興武備機密之事。長官爲樞密使，從一品。

［11］平章政事：爲宰相，掌丞天子，平章萬機。從一品。　僕散揆：女真人。本名臨喜。本書卷九三有傳。　河南：指金南京路轄區。

［12］閏八月辛巳：本書卷一二《章宗紀四》作九月甲申朔。與此異。右宋、高麗欄同。

［13］趙公良：本書僅此一見。　米元懿：本書僅此一見。

［14］迺來思緦：本書僅此一見。　知中興府通判：西夏官名。中興府屬官。　劉俊德：本書僅此一見。

［15］崔義：本書僅此一見。

［16］衛尉卿：高麗官名。衛尉寺長官。掌儀物器械。從三品。　吴應天：本書僅此一見。

［17］宣撫司：官署名。金章宗時始設，節制本路兵馬。泰和八年（1208）改爲安撫司。　三省樞密：宋官署名。指尚書、中書、門下三省與樞密院。

［18］楚州安撫使：宋官名。最初爲諸路災傷或戰事的專遣特使，後漸成爲各路負責軍務與治安的長官。楚州治所在今江蘇省淮陰市。　戚拱：本書僅此一見。　高顯：本書事見於卷一八、六二、一〇二、一一一、一一三、一一四。　漣水縣：治所在今江蘇省漣水縣。

［19］李璧：《宋史》卷三九八有傳。　林仲虎：字景詹。慶元中應武舉，廷試第二。善文工詩，著有《百將傳》《出疆唱酬集》。

［20］紇石烈子仁：女真人。累官知興中府事、西南路招討使、右副元帥、樞密使兼三司使。

［21］内鄉：縣名。治所在今河南省西峽縣。

［22］趙之傑：本書僅見於卷一二、六二、九八。

［23］吴曦：《宋史》卷四七五有傳。　興元：宋府名。治所在今陝西省漢中市。

［24］關：指關中，古地區名。泛指函谷關與潼關以西地區，一般指秦嶺以北。　隴：指隴右，古地區名。泛指隴山以西地區。約當今甘肅六盤山以西、黄河以東一帶。

［25］淮北：指淮河以北的金境。

	宋	夏	高麗[14]
六年	正月癸未朔,宋試刑部尚書陳景俊、知閤門事吴琯賀正旦。[1] 四月丙寅,詔平章政事僕散揆行省于汴,[2]督諸道兵伐宋。 十月庚戌,僕散揆出潁、壽。[3] 十一月丁亥,克安豐軍,[4]壬辰,次廬江。[5]宋主密諭丘崈,使歸罪韓侂胄,將乞盟。崈既送韓元靚歸,遣忠訓郎林拱持書乞和於僕散揆。[6]癸卯,丘崈復遣武翼郎宋顯等	正月癸未朔,夏武節大夫紐尚德、宣德郎鄭勗賀正旦。[7] 乙丑,[8]夏李安全廢其主純佑自立,[9]令純佑母羅氏爲表,遣御史大夫罔佐執中等來奏,求封册。[10] 七月戊戌,[11]詔宣問羅氏所以廢立之故,安全復以羅氏表來。 九月辛丑,[12]以朝議大夫尚書左司郎中温迪罕思敬、朝請大夫太常少卿黄震爲夏國王李安全封册使。[13]	正月癸未朔,高麗禮賓少卿崔甫淳賀正旦。[15] 八月丙子,高麗遣衛尉少卿李迪儒賀天壽節,[16]衛尉卿金升謝賜生日,[17]禮賓卿李俏謝起復,[18]知樞密事韓奇、太府卿李承白等來謝封册。[19] 十二月乙亥,高麗衛尉少卿慶裕升進奉。[20]

	宋[21]	夏	高麗
	以書幣乞和於揆。[22] 十二月癸丑，宋吳曦納款于都大提舉完顏綱，[23]賜詔褒諭。宋簽書樞密院事丘崈復遣陳璧奉書詣揆乞和，[24]揆以其辭尚倨，不見。乙丑，僕散揆班師，封吳曦爲蜀國王。[25]吳曦遣郭澄、任辛奉表及蜀地圖志、吳氏譜牒來上。[26]	十二月乙丑，夏御史大夫謀寧光祖、翰林學士張公甫謝封册，[27]押進使知中興府梁德樞等入見。[28]	

［1］陳景俊：一作陳克俊。本書僅見於卷一二、六二、一〇〇。　吳琯：本書僅見於卷六二、九三、九八。

［2］行省：行尚書省的簡稱。爲尚書省在地方的派出機構，亦爲戰時臨時機構，總理地方軍民之政，兵罷則撤。長官爲行尚書省事，亦簡稱行省。　汴：指南京開封府，治所在今河南省開封市。舊爲北宋都城汴京，此爲沿用舊稱。

［3］潁：州名。治所在今安徽省阜陽市。原本作“穎”，中華點

校本作“潁”，今從中華點校本。　壽：州名，治所在今安徽省鳳臺縣。

［4］安豐軍：宋軍名。治所在今安徽省壽縣。

［5］廬江：縣名。治所在今安徽省廬江縣。

［6］忠訓郎：宋武臣階官名。係三班小使臣。舊名左侍禁，政和二年（1112）改。　林拱：本書僅見於卷一二、六二。　乞和：殿本作“求和”。原本又作“气和”，張元濟《金史校勘記》認爲“當是‘乞’字之訛”，今據改。

［7］紐尚德：本書僅此一見。疑與金承安四年（1199）八月“紐尚德昌”爲一人，此處脱“昌”字。　鄭勗：本書僅此一見。

［8］乙丑：按，金泰和六年（1206）正月癸未朔，無乙丑。本書卷一三四《夏國傳》繫此事於泰和六年三月，是年三月壬午朔，亦無乙丑。《宋史》卷四八六《夏國傳》，“純佑，開禧二年正月二十日廢”，而正月二十日爲壬寅，此誤。

［9］李安全：即西夏襄宗，1206年至1211年在位。

［10］罔佐執中：本書僅此一見。

［11］七月戊戌：“七”，原本作“六”，從中華點校本改。

［12］九月辛丑：原本脱“九月”二字，從中華點校本補。

［13］朝議大夫：文散官名。本書僅見於此處，《百官志》不載。或名稱有誤。　尚書左司郎中：尚書省左司負責人。掌本司奏事，總察吏、户、禮三部受事付事，兼帶修起居注。正五品。　温迪罕思敬：女真人。累官同知定武軍節度使事、鎮南軍節度使、吏部尚書。　朝請大夫：文散官。爲從五品上階。　太常少卿：太常寺屬官。協助太常卿掌禮樂、郊廟、社稷、祠祀之事。正五品。　黄震：本書僅此一見。

［14］《高麗史》卷二一《熙宗世家》，高麗熙宗二年（1206）四月，“甲子，金遣大理卿移剌光祖、小府監馬黯來册王”。本表漏載。

［15］崔甫淳：累官中書侍郎平章事、判兵部事、同修國史、監修國史、修文殿大學士、守太師、判吏部事，封柱國。於高麗高宗十六年（1229）去世。

[16]李迪儒：官至左散騎常侍、判三司事、同知樞密院事、知樞密院事。於高麗高宗十二年（1225）去世。

[17]金升：本書僅此一見。高麗熙宗生日在五月，金升爲謝賜生日使，可知金是年曾遣使賀高麗熙宗生辰，本書、《高麗史》皆失載。

[18]禮賓卿：高麗官名。禮賓寺屬官。掌賓客燕享。從三品。　李佾：本書共兩人名李佾，此人僅此一見。

[19]知樞密事：高麗官名。樞密院屬官。參掌軍務機密政事。從二品。　韓奇：本書僅此一見。　李承白：本書僅此一見。

[20]慶裕升：本書僅此一見。

[21]《宋史》卷三八《寧宗紀二》開禧三年（1207）六月，"富琯使金告哀，劉彌正賀金主生辰"，本表皆不載。

[22]武翼郎：宋武臣階官名。舊名供備庫副使，政和二年（1112）改。　宋顯：本書僅見於卷一二、六二。

[23]都大提舉：官名。據本書卷九八《完顏綱傳》，此時完顏綱官爲蜀漢路安撫使、都大提舉兵馬事。　完顏綱：女真人。本名元奴。本書卷九八有傳。

[24]簽書樞密院事：宋官名。爲知樞密院事的副職，參掌軍國機務、兵備、邊防、軍馬等政事。舊名簽署樞密院事，避宋英宗諱改。　陳璧：本書僅見於卷一二、六二、九三。

[25]蜀國王：封爵名。大定格，爲大國封號第十八。

[26]郭澄：本書僅見於卷一二、六二、九八。　任辛：本書僅見於卷一二、六二、九八。

[27]謀寧光祖：本書僅此一見。　張公甫：本書僅此一見。

[28]梁德樞：本書僅此一見。

	宋	夏	高麗
七年	正月庚寅，僕散揆還至下蔡，[1]有疾。丙	正月丁丑朔，[2]夏武節大夫隈敏修、宣	正月丁丑朔，高麗户部侍郎師應瞻賀正

	宋	夏[10]	高麗
	申，以左丞相宗浩代揆行省于汴。[3] 二月，宋安丙殺吴曦。[4]宋方信孺詣行省，[5]以書乞和。 五月丙申，宋張岩復遣方信孺詣都元帥府，[6]請增歲幣。 九月，宗浩薨，[7]以平章政事完顏匡行省于汴。 十一月丙子，宋韓侂胄遣王柟以書詣元帥府。[8]壬辰，宋錢象祖、李璧移書行省議和。[9]	德郎鄧昌福賀正旦。[11] 八月甲辰朔，[12]夏武節大夫囉啰思忠、宣德郎安禮賀天壽節。[13]	旦。[14] 四月壬子，以昭勇大將軍宫籍副監楊序爲横賜高麗使。[15] 八月壬申，[16]高麗遣衛尉少卿徐珖賀天壽節，[17]衛尉少卿金義元謝賜生日。[18] 十二月壬寅朔，高麗遣户部侍郎鄭光習進奉。[19]

[1]下蔡：縣名。治所在今安徽省鳳臺縣。

［2］正月丁丑朔：原本脱“正月”二字，據殿本補。

［3］左丞相：爲宰相，掌丞天子，平章萬機。從一品。　宗浩：女真人。本名老。本書卷九三有傳。

［4］安丙：《宋史》卷四〇二有傳。

［5］方信孺：《宋史》卷三九五有傳。

［6］張岩：《宋史》卷三九六有傳。　都元帥府：官署名。掌征討之事。長官爲都元帥，從一品。

［7］宗浩薨：原本、殿本皆作“崇浩”。聯繫上文，此處當指“宗浩”。本書卷九三《宗浩傳》載，“泰和七年九月，薨於汴”。今據改。

［8］王柟：《宋史》卷三九五有傳。

［9］錢象祖：淳熙中知撫州，有治績。嘉定初拜左丞相。本書僅見於卷一二、六二、九八。　李壁：《宋史》卷三九八有傳。

［10］據本書卷一二《章宗紀四》，泰和七年（1207）十二月“丙午，以符寶郎烏古論福齡爲夏國生日使”。本表漏載。

［11］隈敏修：本書僅此一見。　鄧昌福：本書僅此一見。

［12］八月甲辰朔：本書卷一二《章宗紀四》作九月甲戌朔。右高麗欄作“八月壬申”，即“九月甲戌朔”的前二日，故施國祁《金史詳校》認爲當作“八月壬申”。

［13］囉哆思忠：本書僅此一見。　安禮：本書僅此一見。

［14］師應贍：本書僅此一見。

［15］昭勇大將軍：武散官。爲正四品下階。　宫籍副監：殿前都點檢司下屬機構宫籍監屬官。參掌内外監户、地土錢帛及小大差發。從六品。　楊序：本書僅見於卷一二、四八、六二。

［16］八月壬申：本書卷一二《章宗紀四》作九月甲戌朔。

［17］徐珖：本書僅此一見。

［18］金義元：仕至中書侍郎平章事、判兵部事、門下平章事。於高麗高宗十一年（1224）去世。此稱金義元爲謝賜生日使，可知

金是年曾遣使賀高麗熙宗生辰，本書、《高麗史》皆失載。

［19］十二月壬寅朔：《高麗史》卷二一《熙宗世家》，高麗熙宗四年（1208）“十一月辛丑，遣鄭光習如金進方物，林柱材賀正”。則鄭光習進方物當在金泰和八年（1208），林柱材賀正旦當在金大安元年（1209）。本書繫鄭光習進方物於泰和七年（高麗熙宗三年），繫林柱材賀正旦於泰和八年（高麗熙宗四年），皆比《高麗史》早一年。未詳孰是。

	宋	夏	高麗[7]
八年	二月乙巳，宋錢象祖復遣王柟以書上行省。 閏四月乙未，[1]宋函韓侂胄、蘇師旦首，[2]贖淮南故地，元帥府露布以聞。宋請改叔姪爲伯姪，增歲幣至三十萬。 六月癸酉，宋試禮部尚書許奕、福州觀察使吴衡奉誓書通謝。[3]	正月辛未朔，夏武節大夫渾光中、宣德郎梁德懿賀正旦。[4] 三月甲申，夏樞密使李元吉、觀文殿大學士羅世昌等奏告。[5] 五月辛亥，夏殿前太尉習勒遵義、樞密都承旨蘇寅孫謝賜生日。[6]	正月辛未朔，高麗户部侍郎林柱材賀正旦。[8] 十月己卯，高麗禮部侍郎林永祖賀天壽節，禮賓卿池利中謝賜生日。[9]

	宋[10]	夏	高麗
	七月戊申，答宋誓書，以左副點檢完顔侃爲宋諭成使。[11] 八月己丑，遣户部尚書高汝礪等爲賀宋生辰使[12]。 十月己卯，[13]宋户部尚書鄒應龍、泉州觀察使李謙賀天壽節。[14]	十月己卯，夏武節大夫李世昌、宣德郎米元傑賀天壽節，[15]御史大夫權鼎雄、樞密直學士李文政謝横賜，[16]參知政事浪訛德光、光禄大夫田文徽等來奏告。[17]	

[1]閏四月乙未：原本脱“閏四月”三字，從中華點校本補。

[2]蘇師旦：本書事見於卷一二、六二、九三、九八、一二一。

[3]許奕：《宋史》卷四〇六有傳。　吴衡：本書僅見於卷一二、六二、九八。

[4]渾光中：樞密都承旨渾進忠之弟。後官至參知政事。　梁德懿：後官至翰林學士，因上書諫遵頊攻金忤旨，以御史中丞致仕。

[5]樞密使：西夏官名。樞密院屬官。掌軍國兵防邊備。　李元吉：本書僅本卷兩見。　觀文殿大學士：西夏官名。　羅世昌：本書僅見於卷六二、一三四。

［6］習勒遵義：本書僅此一見。　樞密都承旨：西夏官名。樞密院屬官。掌軍國兵防邊備。　蘇寅孫：爲人風雅，少力學，善屬文，以世蔭授祕書監。剛正不阿，遇事敢言。曾極力勸諫遵頊，主張與金議和。

［7］《高麗史》卷二一《熙宗世家》，高麗熙宗四年（1208）十一月“甲寅，金遣户部侍郎郭郛來賀生辰”。本表漏載。但高麗熙宗生日在五月，高麗熙宗二年、三年雖不見載金遣使賀生辰，而高麗謝賀生辰使皆於八月抵金，可知高麗熙宗生辰金使例於五月入賀。《高麗史》卷二一《熙宗世家》載高麗熙宗七年，“五月，金遣完顏惟孚來賀生辰”，也可以證明這一點。本年高麗謝賀生日使池利中於十月已抵金。《高麗史》繫金遣賀生日使於十一月，誤。

［8］林柱材：本書僅此一見。

［9］禮部侍郎：高麗官名。尚書禮部屬官。掌禮儀、祭享、朝會、交聘、學校、科舉之政。正四品。　林永祖：《高麗史》卷二一《熙宗世家》，高麗熙宗四年八月作“起居郎林永軾”。　池利中：本書僅此一見。

［10］《宋史》卷三九《寧宗紀三》，嘉定二年（1209）正月“辛丑，金遣裴滿正來告哀”，“庚申，金遣蒲察知剛來獻遺留物”，“二月己巳，金遣使來告即位”，金使皆當於是年年底出發，當繫於此，本表皆漏載。

［11］完顏侃：女真人。本書僅見於卷一二、六二。《宋史》卷三九《寧宗紀三》嘉定元年“九月辛丑，金使完顏侃、喬宇入見”，其副使爲喬宇。

［12］户部尚書：尚書户部長官。掌户口、錢糧、土地的政令及貢賦出納、金幣轉通、府庫收藏等事。正三品。　高汝礪：本書卷一〇七有傳。

［13］己卯：原本作“己酉”，從中華點校本改。右夏、高麗欄同。

［14］鄒應龍：《宋史》卷四一九有傳。　李謙：本書僅此一見。

[15]李世昌：本書僅此一見。　米元傑：本書僅此一見。

[16]權鼎雄：凉州人。西夏天慶年中進士，以文學名，官至翰林學士。李安全篡位，棄官隱居青岩山。遵頊立，召爲左樞密使，後官至吏部尚書。　李文政：本書僅此一見。

[17]參知政事：西夏官名。　浪訛德光：本書僅此一見。　光禄大夫：西夏官名。

	宋[2]	夏[4]	高麗[5]
衛紹王大安元年[1]	八月，宋使賀萬秋節。[3]		五月，高麗來賀即位。
二年	八月，宋使賀萬秋節。		

[1]大安：金衛紹王年號（1209—1211）。

[2]據《宋史》卷三九《寧宗紀三》，嘉定元年（1208）九月“甲子，遣曾從龍使金賀正旦”。十二月“戊寅，改命曾從龍使金弔祭”。十二月“己丑，遣宇文紹使金賀即位”。皆當於是年初抵金，應繫於此，本表皆漏載。嘉定二年十月“丁丑，金遣使來賀瑞慶節”。十二月“丙戌，金遣使來賀明年正旦”。本表皆漏載。《宋史》卷三九《寧宗紀三》，嘉定二年九月“己未，遣費培使金賀正旦”。嘉定三年六月“癸亥，遣黄中賀金主生辰”。十月“壬申，金遣使來賀瑞慶節”。十二月“辛巳，金遣使來賀明年正旦”。皆當繫於此欄，本表皆漏載。

[3]萬秋節：金衛紹王生辰。據《宋史》卷三九《寧宗紀三》嘉定二年（1209）六月，使金賀生辰者爲俞應符。

[4]《西夏書事》卷四〇載大安元年（1209）十月，“安全遣使

至金乞援，金群臣皆曰：西夏若亡，蒙古必來加我，不如與西夏首尾夾攻，可以進取而退守。金主曰：‘敵人相攻，吾國之福，何患焉。’遂不出兵”。本表漏載。

[5]《高麗史》卷二一《熙宗世家》，高麗熙宗五年（1209）“正月丁酉，王聞金主崩，遣奉慰使史洪紀、祭奠使李淳中如金”。高麗熙宗五年正月“辛丑，金遣孫居寬來告喪”。高麗熙宗五年三月“甲寅，遣上將軍金元傑、禮部侍郎房應喬如金賀即位”。高麗熙宗五年十一月，“金遣户部侍郎斡勤正來”。本表皆漏載。《高麗史》卷二一《熙宗世家》，高麗熙宗五年十一月“己亥，遣閤門通事舍人徐延如金賀正”，抵金當在大安二年初，故當繫於此。高麗熙宗六年六月“金遣橫宣使移剌答貞來”。高麗熙宗六年六月，“遣于龍奕如金賀萬春節，宋孝誠謝賀生辰”，七月，“遣郎將池方淑如金謝橫宣”。高麗熙宗六年十一月，“壬寅，金使來”，本表皆漏載。

	宋[1]	夏	高麗[3]
三年	正月乙酉朔，宋使賀正旦。[2]	正月乙酉朔，夏使賀正旦。	正月乙酉朔，高麗使賀正旦。

[1]《宋史》卷三九《寧宗紀三》嘉定四年（1211）“六月丁亥，遣余嶸賀金主生辰，會金國有難，不至而還”，十二月“乙巳，金遣使來賀明年正旦”，本表皆不載。

[2]宋使賀正旦：《宋史》卷三九《寧宗紀三》嘉定三年九月，是年使金賀正旦者爲錢仲彪。

[3]《高麗史》卷二一《熙宗世家》，高麗熙宗七年（1211）五月，“金遣完顔惟孚來賀生辰。王遣將軍金良器回謝。良器至通州遇蒙古兵，中矢而死，下節九人亦遇害。金收骨以送”。高麗熙宗七年

九月，“遣李孝全如金賀萬（春）［秋］節，道梗而還”。高麗熙宗七年十一月，“金遣權止文榜來賀生辰”，“遣李實椿如金賀正，道梗而還”。本表皆漏載。

	宋[2]	夏	高麗[5]
崇慶元年[1]	正月，宋使賀正旦。[3]	正月，夏使賀正旦。 三月，遣使册李遵頊爲夏國王。[4] 十二月，夏國王李遵頊謝封册。	

［1］崇慶：金衛紹王年號（1212）。

［2］《宋史》卷三九《寧宗紀三》，是年“六月癸未，遣傅誠賀金主生辰”。十月“戊子，金遣使來賀瑞慶節”。十二月“己亥，金遣使來賀明年正旦”。本表皆不載。

［3］宋使賀正旦：《宋史》卷三九《寧宗紀三》嘉定四年（1211）九月，是年使金賀正旦者爲程卓。

［4］李遵頊：西夏神宗。1211年至1213年在位。

［5］《高麗史》卷二一《康宗世家》，高麗康宗元年（1212）“二月庚辰，遣告奏使中書舍人李儀如金”。高麗康宗元年七月，“金封册使大理卿完顔惟基、直學士張翰來”，“遣户部侍郎李實椿如金賀萬（春）〔秋〕節”。高麗康宗元年八月，“遣使如金謝封册賜物”。本表皆漏載。

	宋[2]	夏	高麗
至寧元年[1]			

[1]至寧：金衛紹王年號（1213）。

[2]據《宋史》卷三九《寧宗紀三》，是年應有宋使應武賀正旦，是年六月“丁丑，遣董居義賀金主生辰，會金國亂，不至而還”。本表皆漏載。

	宋	夏	高麗
宣宗貞祐元年[1]	閏九月辛未，奉國上將軍武衛軍都指揮使烏林荅與、尚書户部侍郎高霖爲報諭宋使。[2] 十一月，宋賀正旦使入境有期，以大兵在近，姑停之，令有司移報。	十二月癸亥，[3]夏人陷鞏州，[4]涇州節度使夾谷守中死之。[5]	

[1]貞祐：金宣宗年號（1213—1217）。

[2]奉國上將軍：武散官。爲從三品上階。　武衛軍都指揮使：尚書兵部下屬機構武衛軍都指揮使司長官。掌防衛都城，警捕盜賊。正四品，金承安三年（1198）升從三品。　烏林荅與：女真人。本

名合住。本書卷一〇四有傳。　尚書户部侍郎：尚書户部屬官。協助户部尚書掌户口、錢糧、土地的政令及貢賦出納、金幣通轉、府庫收藏等事。正四品。　高霖：本書卷一〇四有傳。

[3]十二月癸亥：《宋史》卷三九《寧宗紀三》，嘉定六年（1213）十二月“癸亥，金遣使來賀明年正旦”，本表不載。

[4]夏人陷鞏州：原本脱“鞏州”，今據中華點校本補。

[5]涇州節度使：州官名。節度州長官。正三品。涇州治所在今甘肅省涇川縣北涇河北岸。　夾谷守中：女真人。本名阿土古。本書卷一二一有傳。據本傳，“至寧末，移彰化軍，未行，夏兵數萬入鞏州，守中獨不屈”，則此條似當移入上一欄至寧年下。

	宋[1]	夏	高麗
二年	正月丁丑，宋刑部尚書真德秀等賀即位，[2]駐境上，以中都被圍，[3]諭罷之。	十一月乙卯，蘭州譯人程陳僧叛入于夏[4]。自是，連歲與夏交兵矣。	

[1]《宋史》卷三九《寧宗紀三》，嘉定七年（1214）七月“乙亥，金人來告遷于南京”，十二月“丁巳，金遣使來賀明年正旦”，此年三月、八月，金人兩次遣使督宋歲幣，本表皆不載。

[2]真德秀：《宋史》卷四三七有傳。

[3]中都：金都城。治所在今北京市。

[4]蘭州：治所在今甘肅省蘭州市。　程陳僧：初爲蘭州譯人，在蘭州發動反金叛亂，曾於龕谷打敗金軍。後與夏人結盟，引夏兵入境圍攻臨洮，不克，夏人退去後爲金兵所敗。

	宋	夏	高麗
三年	正月辛酉朔，宋顯謨閣學士聶子述、廣州觀察使周師鋭賀正旦。[1] 二月壬申，宋寶謨閣學士丁焴、利州觀察使侯忠信賀長春節。[2]是月丙子，宋使朝辭，因言宋主請減歲幣如大定例。[3]上以本自稱賀，不宜别有祈請，諭遣之。 九月己巳，以左諫議大夫把胡魯、尚書工部侍郎徒單歐里白爲賀宋生日使。[4] 十一月庚辰，以拱衛直都指揮使蒲察五斤、尚書禮部侍郎楊雲翼爲賀宋正旦使。[5]		

[1]聶子述：南城人。字善之。紹熙進士。累官吏部侍郎，後以制置使出帥西蜀。　周師鋭：本書僅此一見。

[2]丁焴：福津人。字晦叔。累官太府少卿。嘉定中爲利州路安撫使，兼知興元府。　侯忠信：本書僅此一見。　長春節：金宣宗

生辰。

[3]大定：金世宗年號（1161—1189）。

[4]左諫議大夫：諫院長官。正四品。　把胡魯：本書卷一〇八有傳。　尚書工部侍郎：尚書工部屬官。協助工部尚書掌修造營建法式、諸作工匠、屯田、山林川澤之禁、江河堤岸、道路橋梁等事。正四品。　徒單歐里白：女真人。本書僅見於卷四八、六二。

[5]拱衛直都指揮使：宣徽院下屬機構拱衛直長官。掌總領本直，謹嚴儀衛。從四品。舊名指揮使，大定五年（1165）升爲都指揮使。　蒲察五斤：女真人。明昌初爲奉御，因擅發提刑司倉粟被免官。後自泰州都軍升爲右振肅，元帥左監軍，右副元帥，權遼東路宣撫使，權參知政事，充遼東行省，上京行省。　尚書禮部侍郎：尚書禮部屬官。協助禮部尚書掌禮樂、祭祀、燕享、學校、貢舉、儀式、制度、符印、表疏、圖書、册命、祥瑞、天文、漏刻、國忌、廟諱、醫卜、釋道、四方使客、諸國進貢、犒勞張設等事。正四品。　楊雲翼：本書卷一一〇有傳。

	宋	夏	高麗
四年	正月乙卯朔，[1]宋試工部尚書施累、廣州觀察使陳萬春賀正旦。[2] 三月甲子，宋遣華文館學士留筠、宜州觀察使右武衛上將軍師亮賀長春節。[3]		

	宋[4]	夏	高麗
	九月乙未，以榮禄大夫中衛尉完顔奴婢、太子少詹事納坦謀嘉爲賀宋生日使。[5] 十一月甲辰，以尚書工部侍郎内族和尚、尚書右司郎中僕散毅夫爲賀宋正旦使。[6]		

[1]正月乙卯朔："乙卯"，原本作"己卯"，從中華點校本改。

[2]施累：本書僅此一見。　陳萬春：本書僅此一見。原本脱"使"字，從中華點校本補。

[3]華文館學士：宋官名。應爲"華文閣學士"，爲諸殿閣學士之一，慶元二年（1196）置，位在華文館直學士、待制之上。出入侍從，備顧問，無具體職掌。　留筠：本書僅此一見。　右武衛上將軍：宋官名。屬侍衛親軍，爲環衛官之一，多以宗室任之。　師亮：本書僅此一見。

[4]《宋史》卷三九《寧宗紀三》，嘉定九年（1216）十二月"乙亥，金遣使來賀明年正旦"，本表漏載。

[5]榮禄大夫：文散官。爲從二品下階。　中衛尉：衛尉司長官。掌總中宫事務。從三品。　完顔奴婢：女真人。曾爲延安路兵馬總管。事見於本書卷一三、一四、六二、一〇四。　太子少詹事：東宫屬官。即太子詹事院屬官，協助太子詹事掌東宫内外庶務。從四品。　納坦謀嘉：本書卷一〇四有傳。

［6］和尚：女真人。姓完顏。本書共有四人名完顏和尚，此人僅見於卷一四及此。　僕散毅夫：女真人。事見於本書卷一五、一六、六二。

	宋	夏	高麗
興定元年[1]	正月己卯朔，宋焕章閣學士陳伯震、福州觀察使霍儀賀正旦。[2] 三月己丑，宋試工部尚書錢撫、潭州觀察使馮柄賀長春節。[3] 四月丁未朔，以宋歲幣不至，命烏古論慶壽經略南邊。[4]		

［1］興定：金宣宗年號（1217—1222）。

［2］陳伯震：字震之。紹熙進士。累官知泰州，廣東經略使，龍圖閣學士。　霍儀：本書僅此一見。

［3］錢撫：本書僅此一見。　馮柄：本書僅此一見。

［4］烏古論慶壽：女真人。本書卷一〇一有傳。

	宋	夏	高麗
二年	十二月甲寅，朝議乘勝與宋議和，以開封治中吕子羽、南京路轉運副使馮璧爲詳問宋國使，[1]行至淮中流，[2]宋人拒止之，自此和好遂絶。		四月癸丑，[3]以詔付遼東行省夾谷必蘭，[4]出諭高麗貸糧、開市二事，遣典客署書表劉丙從行。[5]

[1]開封治中：府官名。開封即開封府，治所在今河南省開封市。治中爲府尹屬官，本書《百官志》不載。據本書卷八五《永功傳》，"家奴王唐犯罪至徒，永功曲庇之。平陽治中高德裔失覺察，笞四十"，則此官當是負責本府司法工作。據本書卷一二八《孫德淵傳》，"歷大興治中、同知府事（從四品）"；《武都傳》，"調太原治中，復爲都轉運副使（正五品）"；《紇石烈德傳》，歷"大名治中、安、曹、裕三州刺史（正五品）"，則此官當爲五品官。　吕子羽：事見於本書卷一五、一六、六二、一〇二。　南京路轉運副使：南京路轉運司屬官。協助轉運使掌賦税錢穀，倉庫出納及度量之制。正五品。　馮璧：本書卷一一〇有傳。

[2]淮：河名。即今淮水。

[3]四月癸丑：原本脱"四月"，今據中華點校本補。

[4]以詔付遼東行省夾谷必蘭：此句原本作"以詔付行省必蘭"，據中華點校本補"遼東""夾谷"四字。遼東行省，遼東行尚書省事

的簡稱，爲遼東行尚書省長官，負責本路軍民之政。夾谷必蘭，女真人。本書僅見於卷一五、六二、一〇九。

[5]典客署書表：宣徽院下屬機構典客署屬官。定員十八人。劉丙：本書僅見於卷六二、一〇九。

	宋	夏	高麗
三年			正月戊辰朔，遼東行省報，高麗有奉表朝貢之意，詔行省受其表章以聞，朝貢之禮俟他日徐議。
四年			
五年			
元光元年[1]			
二年			

[1]元光：金宣宗年號（1222—1223）。

	宋	夏	高麗
哀宗正大元年[1]	三月，以邊帥意，遣忠孝軍三百，[2]送省令史李唐英往滁州通好。[3]宋人宴犒旬日，以奏稟爲辭，和事竟不成。 六月，遣樞密判官移剌蒲阿，[4]以文榜遍諭宋界軍民更不南伐，自是宋人亦斂兵。	十一月，[5]夏遣使議和。[6]	

[1]正大：金哀宗年號（1224—1231）。

[2]忠孝軍：金末軍種之一。始設於金哀宗時，主要由各族歸正人組成，軍餉高於其他部隊三倍，以期達到吸引各族人來歸的目的。由樞密院直接領導，主要爲騎兵編制。金亡取消。

[3]省令史：尚書省令史的簡稱。爲尚書省左、右司所屬辦事員。　李唐英：本書僅此一見。　滁州：治所在今安徽省滁州市。

[4]樞密判官：樞密院屬官。　移剌蒲阿：契丹人。本書卷一一二有傳。《元史》卷一四九《郭德海傳》作"蒲兀"。

[5]十一月：本書卷一七《哀宗紀上》作正大元年（1224）"冬十月戊午，夏國遣使來修好"。

[6]夏遣使議和：本書卷一一〇《李獻甫傳》："正大初，夏使來請和，朝廷以翰林待制馮延登往議，時獻甫爲書表官，從行。"本表不載。

	宋	夏	高麗
二年		九月，夏國和議定，夏稱弟，各用本國年號，遣光禄大夫吏部尚書李仲諤、南院宣徽使羅世昌、中書省左司郎李紹膺來聘。[1] 十月，遣聶天驥、張天綱使夏講和事。[2] 十二月，夏使朝辭，國書報聘稱"兄大金皇帝致書於弟大夏皇帝闕下"，遣禮部尚書奧敦良弼、大理卿裴滿欽甫、侍御史烏古孫弘毅充報成使。[3]	

[1]李仲諤：本書僅此一見。　南院宣徽使：西夏官名。爲宣徽院長官。　中書省左司郎：西夏官名。中書省屬官。參掌進擬庶務，

宣奉命令。　李紹膺：本書僅此一見。

［2］聶天驥：本書卷一一五有傳。　張天綱：本書卷一一九有傳。上文九月條已云和議定，此稱講和事，於理不通，且《哀宗紀》與二人本傳皆不載，疑有誤。據本書卷一一〇《楊雲翼傳》："夏人既通好，遣其徽猷閣學士李弁來議互市，往返不能決，朝廷以雲翼往議乃定。"本表不載。

［3］奧敦良弼：女真人。本書僅見於卷一七、三八、六二。　大理卿：大理寺長官。掌審斷天下奏案，詳核疑獄。正五品。　裴滿欽甫：女真人。本書僅見於卷一七、三八、六二。　侍御史：御史臺屬官。掌奏事，判臺事。從五品。　烏古孫弘毅：女真人。本書僅見於卷一七、三八、六二。

	宋	夏[1]	高麗
三年		正月丁巳朔，夏遣精鼎匭匣使武紹德、副儀增、御史中丞咩元禮賀正旦。[2] 十月，夏使報哀。 十一月甲戌，遣人使夏賀正旦。丙子，	

	宋	夏	高麗
		夏以兵事方殷，來報各停使。是月，遣中奉大夫完顔履信、昭毅大將軍太府監徒單居正爲弔祭夏國使。[3]	

［1］《西夏書事》卷四二載是年（1226）正月“金主遣翰林學士李蹊，大理卿裴滿欽甫持國書來賀”。本表漏載。

［2］精鼎匭匣使：西夏官名。　武紹德：本書僅此一見。　儀增：本書僅此一見。　咩元禮：本書僅此一見。

［3］中奉大夫：文散官。爲從三品下階。按，本書卷三八《禮志》，正大三年（1226）“十月，夏人告哀，遣中大夫完顔履信爲弔祭使”，官名與此不同。　完顔履信：女真人。本書僅見於卷一七、三八、六二。　昭毅大將軍：武散官。爲正四品中階。　太府監：官名。太府監長官。掌出納邦國財用錢穀之事。正四品。　徒單居正：本書僅此一見。

	宋	夏	高麗
四年		夏遣精方匭匣使王立之來，[1] 未復命，國亡。	

[1]精方匭匣使：西夏官名。　王立之：夏亡後，金命之以本官居申州，主管唐、鄧、申、裕等處夏國降户。

	宋	夏	高麗
五年			
六年			
七年	揚州制置趙善湘遣黄謨詣京東帥府約和，[1]朝廷以寧陵令王渥往議，[2]凡再往，約竟不成。		
八年			

[1]揚州制置：宋官名。揚州制置使的簡稱。制置使爲一路至數路的統兵大員。揚州治所在今江蘇省揚州市。　趙善湘：《宋史》卷四一三有傳。　黄謨：本書僅此一見。　京東帥府：京東，宋舊路名。初治宋州（今河南省商丘市南），後分爲京東東西二路。東路治益都（今山東省青州市），西路治應天府（以原宋州升）。帥府，行元帥府的簡稱，爲元帥府的派出機構。

[2]寧陵令：縣官名。令即縣令。寧陵縣治所在今河南省寧陵縣南。　王渥：本書卷一一一有傳。

	宋	夏	高麗
天興元年[1]			

[1]天興：金哀宗年號（1232—1234）。

	宋	夏	高麗
二年	八月己卯，假蔡州都軍致仕内族阿虎帶同簽大睦親府事，[1]如宋借糧，宋人不許。		
三年	正月己酉，國亡。		

[1]蔡州都軍：官名。亦稱都監。按，金於府州不設都監，此當爲假受的官職。　阿虎帶：本書僅見於卷一八、六二。